知识就在得到

变量 7

为了不下牌桌的创新

何帆 / 著

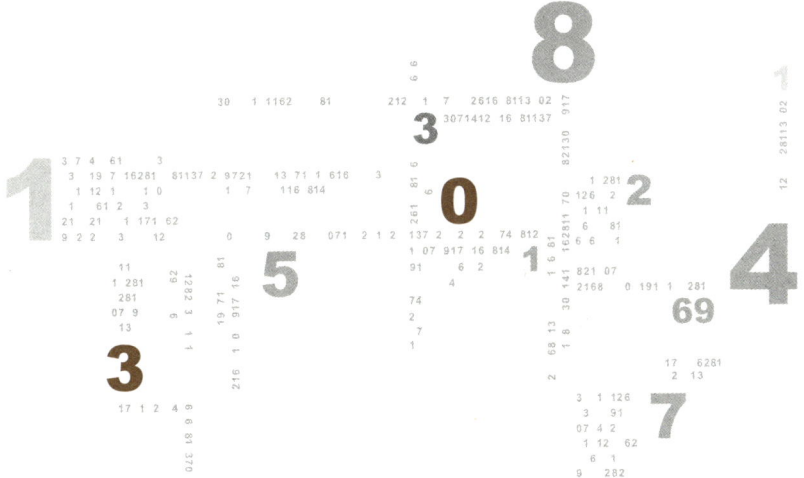

NEWSTAR PRESS
新星出版社

献给未来的一代

目录
Contents

1 为了不下牌桌的创新

1.1 了不起的掼蛋 　　　　　　　3
1.2 重要的是不下牌桌 　　　　　5
1.3 创新者的牌桌 　　　　　　　11
1.4 熊彼特式创新 　　　　　　　14
1.5 德鲁克式创新 　　　　　　　18
1.6 最终的赢家 　　　　　　　　22

2 光芒来自远方的山顶

2.1 先下山，再上山 　　　　　　29
2.2 光芒来自远方的山顶 　　　　35
2.3 为谁赋能 　　　　　　　　　41
2.4 老人潮 　　　　　　　　　　50
2.5 全球化会回来吗 　　　　　　57
2.6 穿越峡谷 　　　　　　　　　62

3 从拓荒时代到拾荒时代

3.1 大萧条时期的孩子 　　69

3.2 拾荒时代 　　74

3.3 空旷的舞台 　　82

3.4 差点把市场搞丢了 　　90

3.5 对存量市场的误解 　　98

4 怎样实现文化逆袭

4.1 下沉 　　109

4.2 逆袭 　　118

4.3 上升 　　124

4.4 三维竞争 　　132

4.5 时代精神 　　140

5 你的成功来自别人的努力

5.1 黄石 　　149

5.2 路径依赖性 　　155

5.3 斯瑞新材 　　161

5.4 蓝箭 　　167

5.5 交叉小径 　　175

6 企业出海的全球新布局

6.1	路线图	183
6.2	出海策略	192
6.3	大分流	200
6.4	全球新布局	208
6.5	中国人的经济	212

7 伟大是熬出来的

7.1	起跑点	219
7.2	逃难基因	223
7.3	训练日	227
7.4	竞赛日	233
7.5	9字真经	239
7.6	熬	245

后 记 248

何帆规则 251

1

为了不下牌桌的创新

1.1 了不起的掼蛋

1969年，北方大国和中国交恶，在边境发生武装冲突。国庆节前夕，紧张的气氛达到顶点。

10月1日这一天，24岁的小伙子孙兆成接到通知，去乡政府值班。他当时是江苏省淮安县南闸人民公社的革委会副主任。供销社主任樊越荣、信用社外勤科耿志昌、大队书记陶万智过来找他。据孙兆成回忆，几个人聊了一会儿天，觉得没意思，想弄副扑克牌甩甩。

人们总是会不断地遇到真实而具体的问题。一个人的人生，就是被他所能提出的问题定义的。孙兆成和伙伴们遇到的问题是，要就地取材，创造出一种更刺激的扑克游戏，而且马上就能玩。那么，怎样才能现场创造出一种新的游戏规则？他们的解答思路是融合。耿志昌提议，一副扑克牌太少了，打不过瘾，就用两副吧。他们借鉴了"斗地主""争上游""双升"等常见的扑克牌打法，可能还受到了在山东一带流行、同样是打两副牌的"够级"的影响，又自创了一些新的玩法——四张以上相同的牌可以当"炸弹"，六张相同的牌可以炸同花顺，两个大王和两个小王凑在一起是"王炸"，他们管这叫"核弹头"。

这可能是人类历史上唯一一种在战争阴影下被激发出来的牌类游戏。它就是在五十年后的今天红遍大江南北的"掼蛋"。[1] 掼蛋的底色是：战争我们都不怕，还有什么难得倒我们？！

这个小故事道出了历史上常见的真实一面：在顶层和底层之间永远都隔着时差。顶层看到的是火急火燎、紧张焦虑的冲突事件，到了底层就变成了不慌不忙、松弛闲散的日常生活。雨点打在树梢，急促而又喧闹，但最后落在树根上，就变得一声不响，默默地渗入松软的土壤，被地下细细的根系吸收。

为什么会叫"掼蛋"呢？孙兆成说，就是随口起的名字。那天，四人牌兴正酣，一直打到很晚。孙兆成想要招待大家，就叫炊事员去买两斤肉。可是，市场上买不到肉，炊事员只买回了几个鸭蛋，炒了个鸭蛋，又做了个白菜汤。想掼肉没掼上，掼上了蛋，所以他们就把这个游戏叫"掼蛋"了。

在当地方言里，"掼"就是摔和砸的意思。麦收季节，人们三五成群地围着村里的石碾，把扎好的麦捆朝上掼，好让麦粒更容易从秸秆上脱落。打掼蛋的时候，拿到好牌，兴奋地一把甩出去，跟掼麦捆的架势有一比。在打牌人的心目中，掼出去的可不是鸭蛋、鸡蛋，而是炸弹，你炸我我炸你，用的都是超级武器。

1.2 重要的是不下牌桌

想当年，在中国商界最流行的牌类游戏并不是掼蛋，而是得州扑克。二者都是始自民间，入乎厅堂。据说，得州扑克20世纪初期出现在美国得克萨斯州的洛布斯镇，随后传入达拉斯，后来又传至拉斯维加斯，自此被发扬光大。掼蛋源自苏北，也有些历史地理的因素。从地图上可以看出，这里恰好是中国南方和北方的交会之处，说北不北，说南不南，既是沿海，又像内陆，河道纵横交错，湖泊星罗棋布，最易滋生出"混搭"式的创新。

如果五年之前有人预测掼蛋会成为风靡中国的"新贵游戏"，多半不会有人相信。掼蛋？它怎么上得了台面呢？从海外传来的得州扑克才算高雅的社交娱乐活动。尤其是在投资圈和互联网圈，得州扑克最受欢迎。这些圈子对西方的生活方式更为熟悉，也更加推崇。如今，得州扑克风光不再，掼蛋成了政商学界的精英们都热衷的游戏。

2024年，一群白酒行业的大佬聚在一起，哀叹掼蛋的流行冲击了白酒。过去，一顿饭要吃三四个小时，一瓶茅台不够，还要再开一瓶，宾主不醉不欢。现在，"饭前不掼蛋，等于没吃饭；饭后不掼蛋，等于白吃饭"。喝酒的时间都被掼蛋挤占了。这群白酒行业的大佬们一边哀叹，一边打着掼蛋，用的是酒厂特制的扑克牌。菜已经上桌，大佬们依然兴致勃勃，被催促了好几次，才意犹未尽地坐到桌前，还嚷道：快吃快吃，吃完继续掼。

2024年，黄德权突然发现自己在北京大学汇丰商学院的EMBA（高级管理人员工商管理硕士）同学中威望有了很大的提升，不是因为别的，是因为他掼蛋打得好。黄德权在深圳的一家证券公司工作，由于业务关系，曾被外派到江苏，一去就是六年。他在宿迁跟人学会了打掼蛋。后来，他掼蛋打得小有名气。有一次，他在南京陪一位部队领导打掼蛋。领导说，你一个广东人，掼蛋倒是打得不错。深圳的同学们原来是不打掼蛋的，他们嘲笑说，这是老年人的娱乐消遣。2023年，掼蛋在各大高校的商学院突然火爆。2024年6月，南京大学校友会在深圳组织了一场掼蛋大赛，参加者包括多所高校的校友会。或许，南京大学校友会觉得掼蛋起源于江苏，冠军自然非他们莫属，因而那次掼蛋大赛的奖品特别丰厚。出人意料的是，黄德权所在的北京大学校友会拿到了第一名。领队的师兄原来是桥牌高手，在全国比赛中名列前茅，现在也转行打掼蛋了。获得第一名的团队，每人都有一万元的奖金。黄德权领完奖金就想走，组委会说，别走，还有奖品，他又得到了一辆折叠式自行车。推着车，他本来又要走，组委会说，别走，还有奖品，他又领到了一箱洋河大曲。黄德权乐坏了：把你们的东西都拿走了，这多不好意思啊。

观察社会风尚的变化，能看出它反映的经济趋势。掼蛋之所以在商界如此流行，是因为做生意的人最热衷于社交。关系是核心竞争力。生意场上的事情，都不是为了玩儿。老板们热衷于打掼蛋，一是因为他们社交活动的方式变了：高端白酒喝得少了，KTV（歌厅）也去得少了——老板们的消费也降了级，或者更准确地说，老板们的社交轻量化了；二是因为他们想要结交的人变了。老板们常说，在牌桌上更容易遇到比你水平高、层次高的人。牌桌上能见人性。领导用打牌观察手下的性情，投资人用打牌揣测创业者的底细。过去，民间资本，包括来自海外的资本是最大的金主，呼风唤雨，纵横四海，而这些投资大佬们都爱打得州扑克。Money talks，金钱要发言，而且总带着一种拿腔拿调的口音。不知怎的，短短数年间，民间资本没钱了，也没有信心了。如今，政府产业投资基金成了中流砥柱，能够在企业最困难的时候帮一把。管政府产业投资基金的都是体制内的人。体制内的人不爱打得州扑克。掼蛋起自淮安，却是在北京蹿红的，所以你就能够理解它为什么很快风靡全国了——从京城传到外省，必然是势不可挡的。

得州扑克和掼蛋的游戏规则大不相同。得州扑克的个人英雄主义色彩更浓厚。打得州扑克时，拿到牌要记牌和算牌。自己手中的牌是已知，别人手里的牌是未知，要从已知推断出未知，从确定性中推算出更多的确定性，才能让自己立于不败之地。得州扑克的高手胆大心细，精准计算概率之后就要果断决策，赌的是all in（全部押注）。押宝押对了，就能成为最终的赢家。

掼蛋没有那么强的竞技性质，乍看上去是老少咸宜的休闲小游戏，细品起来其实门道很多。得州扑克只用一副牌，去掉两张王，只有五十二张牌。掼蛋用两副牌，还有一张特殊的牌，叫赖子，可以充当任何一张牌用，于是，记牌和算牌的难度陡然增加。即使是掼蛋高手，最多也只能记到"J"和"10"，再小的牌就记不住了。打掼蛋无法追求完全的精确，必须学会在大致确定，但仍然有很多模糊性的情况下做出决策。掼蛋讲究团队合作。一人赢是小赢，两人赢才是大赢。于是，为了互相配合，演化出了不同的策略。有时候"强牌弱打"，也就是说，虽然自己的牌好，但先不急着走，主动留下来断后。有时候"弱牌强打"，也就是说，虽然自己的牌烂，但可以大胆出击，为队友开道。掼蛋有一句行话——"谁出谁负责"，每打出一张牌，都要留有后手，控制全局。当然，牌局随时会变，一旦看到势头不对，就要迅速切换策略，夺回主动权。手中只剩下十张牌的时候，玩家需要报牌，这说明越到后面变数越多，哪怕到了最后一刻，也可能出现变局。掼蛋高手更强调不下牌桌，耐心地等到最后。笑到最后，才是赢家。

从得州扑克的"all in"到掼蛋的"不下牌桌"，恰好呼应了经济周期里市场参与者的心态变化和策略调整。经济高速增长时期，每个人都想力争上游，大家信奉的是唯快不破。到了经济低速增长时期，企业才意识到最重要的是活下去，大家顿悟：慢就是快。

2024 年 4 月，在"第 18 届中国投资年会·年度峰会"举办前夕，投中网的记者采访了金沙江创业投资基金主管合伙人朱啸虎。朱啸虎被称为近十年最成功的风险投资人之一，投资孵化出了滴滴、饿了么、小红书等众多独角兽企业，被业内誉为"独角兽猎手"。

那个曾经出现滴滴、饿了么和小红书的年代似乎已经过去了，以后该怎么办？朱啸虎讲到，"今天必须以极度保守的心态去运营企业"，以后很可能每个行业里都是"剩者为王"，只剩下一两家企业。能够暴富的机会消失了。朱啸虎说："我在内部一直讲，千万不要去追求 α^2，千万不要认为自己比别人聪明，比别人努力，一旦你开始追求 α，就是亏钱的开始。"

记者问："不怕出现一个预料之外、理性推导之外的巨大利好吗？"

朱啸虎说："不急。一级市场的变化不像二级那么快，等到右侧交易[3]完全来得及，只要你还在牌桌上，要改变起来很容易。现在我们就先苟着，先留在牌桌上，stay relevant（保持相关性）。"[4]

可是，怎样才能不下牌桌呢？

1.3 创新者的牌桌

如果问哪位经济学家对创新的研究最为透彻，那大概非布莱恩·阿瑟莫属。布莱恩·阿瑟上大学时学的是电子工程，后来才改行研究经济学。他曾是斯坦福大学最年轻的经济学教授，但他并不安分，喜欢离经叛道。后来，他去了以开放、包容、鼓励交叉学科和边缘学科著称的圣塔菲研究所。布莱恩·阿瑟在这里开创了复杂经济学。技术创新也是他最感兴趣的问题之一。

在《技术的本质》一书中，布莱恩·阿瑟描述了技术进化的过程：一开始，新技术只出现在不被注意的边缘地带。它不得不去适应旧系统，只能在旧系统的某一个小的子系统中"敲边鼓""跑龙套"，但即使只扮演这样不起眼的小角色，也足以让它存活下来。渐渐地，新技术会在这个小的子系统中发动革命，让其他技术归顺自己，调整局部子系统的运转方式。再往后，新技术会逐渐破圈，影响周边的其他子系统，通过合纵连横，带动更多的子系统，并不断积蓄力量，直到颠覆过去的核心技术，成为新的主导，重新改造整个系统。[5]

我们现在正处在哪个阶段？新技术直捣黄龙、取代旧技术的时刻似乎还未到来，但到处都能听到"起义者"的呐喊声。有些新兴力量能站稳脚跟，有些则会被很快扑灭。旧有的力量也在分化、调整。有些旧有力量会和新兴力量合龙，有些则会拼命负隅顽抗。

我们该如何选择？

布莱恩·阿瑟讲过一个段子。创新就是一场赌博。你走进一家赌场，据说来的都是高科技行业的顶级高手。一张张牌桌依次摆开。其中一张上面放了个牌子：人工智能，另一张牌桌上放的牌子是"热核聚变"，还有一张牌桌上的牌子是"量子计算"。诸如此类，琳琅满目。

你挑了一张牌桌坐下，问发牌的荷官："多少钱玩一局？"

他说："三十亿美元。"

你又问："还有谁来赌？"

他说："他们正在来的路上。"

你问："怎么个赌法？"

他说："等他们来了，大家玩起来，游戏规则就出来了。"

你又问："我有多大胜算？"

他说："我怎么知道？你到底要不要玩？"

布莱恩·阿瑟说，这时候就能看出一般的生意人和伟大的创新者之间的不同。一般的生意人一听，拍屁股就走人了。伟大的创新者却有一种胆量和天赋。他们会先入局，一边玩一边眼观六路、耳听八方，几把下来，就吃透了游戏规则。

所以，不要走，先坐下来。先入局，再破局。

1.4 熊彼特式创新

说到创新，你可能以为伟大的创新者都像埃隆·马斯克那样，天马行空、桀骜不驯，而且怀揣着狂热的梦想。很多人觉得，马斯克想干的似乎不是做生意，而是太空移民。地球已经容不下他了，他要到火星上去。为什么硅谷会出现马斯克？因为在什么舞台唱什么戏。马斯克是这样的风格，是因为他的剧本必须这么写。他在硅谷，所有的钱都会来这里，所有的人才都会来这里，所有的技术都会来这里——气氛都烘托到这份儿上了，你不表演个登火星，怎么对得起观众呢？考察中国民用航天业时，我发现，大家的思路和马斯克几乎一模一样：都要用液体燃料，都要用不锈钢造火箭，都强调可重复回收。业内人士说，中国的民用航天业就是摸着马斯克的石头过河。可是，在中国的民用航天业找不到马斯克风格的企业家。他们都像把风纪扣牢牢扣上的军人一样规规矩矩。这是因为中国的投资人资金更少，决策更谨慎，更在乎项目会不会失败，稳重的企业家会让他们更放心。

说到创新，你可能以为创新必须是原创的，横空出世、独树一帜。其实，大量的创新都来自混搭，也就是说，它们只是把已经存在的事物又用新的方式表达了一遍。模仿、借鉴，甚至抄袭、山寨，在创新中都是司空见惯的。伟大的艺术家对此从不避讳。毕加索说过，"优秀的艺术家模仿，伟大的艺术家剽窃"。这句话深得乔布斯之心。苹果公司的初代 iMac 电脑因其全新的图形界面操作系统而为人称道，但这一创意却抄袭了施乐公司的发明。相比之下，中国的民间商人质朴得多，他们不追求原创，乐此不疲地"山寨"各种产品和创意。韩裔德国哲学家韩炳哲在《山寨：中国式解构》这本书里说，山寨产品最重要的特点是具有高度的灵活性，可以随时满足用户多种多样的需求，而这是大公司无法做到的。[6] 山寨手机可以检测假币，山寨耳机可以显示歌词，山寨香烟甚至比正版香烟用的原料更纯正，设计更胜一筹。懂得欣赏山寨中的原创和趣味，你才能真正体会到创新的真谛。

当人们谈论创新的时候，他们说的往往都是熊彼特式创新。20 世纪最桀骜不驯的经济学家熊彼特认为，创新就是砸烂一个旧世界，再创造出一个新世界。

大部分经济学家的生活都很枯燥，但熊彼特不一样。1883 年，熊彼特出生于奥匈帝国的特里希（今属捷克共和国）。巧得很，他和英国经济学家凯恩斯同年出生。熊彼特的父亲是个工厂主,在他年幼的时候就已经去世。他的妈妈改嫁给了一位退休的将军,并搬到了奥匈帝国的首都维也纳居住。得益于其继父的人脉,熊彼特从小过着贵族子弟的生活,打猎、跳舞、击剑,样样精通。熊彼特年轻时当过一位埃及公主的财务顾问,也曾在乌克兰的切尔诺夫策大学、奥地利的格拉茨大学和美国的哥伦比亚大学教书。第一次世界大战期间,奥匈帝国一分为二,奥地利失去了食物、工业原料和燃料的供应,债台高筑,货币贬值,经济处于崩盘的边缘。熊彼特临危受命,担任奥地利的财政部长,却因反对和德国结盟被罢免官职。之后,他当过银行行长,但这家银行很快就破产了。1932年,熊彼特离开欧洲,来到美国,在哈佛大学担任教授。他的一生曾经很有钱,也曾几度破产。圈子里流传着熊彼特的豪言,他说自己的愿望是做维也纳最优秀的情人、奥地利最出色的马术师和全世界最伟大的经济学家。据他说,因为奥地利出色的马术师实在太多,他的三个愿望只实现了两个。

性格和经历会影响一个人的学问。熊彼特是一个不安分的经济学家,他赞美经济体系中的不安分。熊彼特不屑地将主流经济学研究的经济体系称为"一个循环往复的生产过程",认为它是一种一潭死水、毫无变化的静态经济,只有创新能够打破这个一成不变的困局。

谁来实现创新?熊彼特说,承担这项任务的是企业家。他所描述的企业家很有领袖气概,有胆识、敢冒险。企业家并不是思想家，他们不擅长产生独特的新观念，但总能克服困难、干成实事。经历丰富、桀骜不驯的熊彼特，比普通学者更能理解企业家的野心。他说，企业家之所以会投身于创新，是因为他们有一种梦想，要创造自己的独立王国；他们有一种冲动，要证明自己能战胜别人；他们有一种快乐，乐于把事情办好，或者只是施展个人的能力和智谋。

亚当·斯密把市场经济比作"看不见的手"，这只手看似纤细柔弱，但灵巧无比，行云流水一般将千头万绪理得整整齐齐。熊彼特描述的则是"不安分的手"，这只手总是闲不住，总想捣鼓出一些新鲜事物，不达目的誓不罢休。企业家在创造出新事物的同时，也会有意无意地破坏不少旧事物，这就是"创造性破坏"。

在熊彼特看来，这种"创造性破坏"的过程，才是资本主义的本质。创新不断从内部革新经济结构，即不断地破坏旧结构、创造新结构。企业家是市场经济的英雄。人生能有几回搏。弄潮儿向涛头立。英雄大多是悲剧人物。长江后浪推前浪，总会有新一代的企业家替代老一代的企业家。每一个企业家都难逃被超越的命运。经济体系因此有了活力，但也因此有了波动。创新活动时断时续、时高时低，时而群聚、时而稀疏。日子不再平淡无奇，而是大起大落，出现了周期性的起伏升降。有繁荣就有衰退，有高潮就有危机。这样才过瘾。

1.5 德鲁克式创新

德鲁克并不这么看。

1909年,德鲁克出生于维也纳。他们家门庭兴旺,人才辈出。他的外祖父是银行家。他的祖母是钢琴家。他的父亲是奥地利财政部长,工作之余曾在大学里兼职教书,班上有个狂傲自大的学生,就是熊彼特。他的母亲是弗洛伊德的学生。他还有无数叔伯兄弟在维也纳、布拉格,或是瑞士和德国的大学里任教,有教法律、经济的,有教医学、化学、生物学的,甚至还有教艺术史和音乐的。

在富贵人家长大的德鲁克,却偏偏要过一种自食其力、自学成才的生活。他不满十八岁就出去打工,在德国汉堡一家棉纺产品出口公司里做学徒。父亲大为光火,因为家族中没有人不上大学。为了安抚父亲,德鲁克在汉堡大学注了册,但天天不上课,白天上班,晚上泡在图书馆里看书。

几年之后,他到了德国法兰克福,在一家经纪公司当学徒。

1929年美国"股灾",他所在的公司随之破产。二十岁生日那一天,德鲁克被法兰克福最大的一家报社录用,成为一名财经和外交事务记者。每天下班之后,德鲁克就开始学习,学习的内容包括国际关系和国际法、社会和法律机构的历史、通史、金融,等等,慢慢构建起自己的知识体系。这使他养成一个习惯,在之后的漫长岁月里,每隔三四年,他就要选择一个新的领域深入研究。

1937年,德鲁克迁居美国,过上了一边做咨询、一边教书、一边写作的生活。他的著作影响了一代企业家,因此他被誉为最伟大的管理学家之一。

德鲁克在1985年出版了《创新与企业家精神》。在这本书里,他探讨了20世纪70年代美国经济的变化。第二次世界大战之后的20世纪50年代和60年代,是美国经济增长的黄金年代。到了70年代,经济增速已经放缓,但通货膨胀居高不下。石油危机、经济衰退、传统制造业日渐没落,美国经济经历了一连串的打击,人们的情绪由乐观转为悲观。关于美国"去工业化""零增长""康德拉季耶夫经济停滞"的说法广为流传。暴风骤雨般的自由化改革要到80年代才爆发,而互联网技术催生的新经济要到90年代才出现。怎么看,20世纪70年代都是一个灰暗的年代。

但恰恰在这段时间,美国经济创造的就业岗位大幅度增加。从1974年到1984年,新就业岗位达到2400万个。这个成绩远优于西欧和日本。1970年到1984年,西欧减少了三四百万个就业岗位。1970年到1982年，日本就业岗位的年均增长率只有10%，还不到美国的一半。

是谁给美国创造了这些新的就业岗位？不是原有的大机构。"二战"刚刚结束时，大企业、政府机关、大学和医院曾经提供了大量就业岗位，但到了20世纪60年代中期之后，这些机构提供的就业机会锐减。新增加的就业机会是由新兴企业，尤其是一些中小企业创造的。

那么，这些新兴企业是高科技企业吗？并不是。1965年以来，美国新增加的4500万个就业岗位中，由高科技企业提供的只有500万到600万个。德鲁克说，"大部分硅谷企业以及大部分高科技生物企业仍然是发明家而非创新者，是投机者而非创业者"[7]。

这些新兴企业是干什么的？干什么的都有。有麦当劳这样的快餐企业，也有西尔斯这样的百货商场；有证券公司，也有钢铁厂。这些企业的唯一共同之处是：它们都热衷于创新。这些创新往往是从小处入手，在身边的细微变化中捕捉机会。一些钢铁企业发现，采用短流程的生产工艺可以大幅度降低生产成本，因此击败了行业里的巨无霸。一些证券公司发现，有一批新的客户是普通的中产阶级。他们和富人不一样，并不追求高回报，而是想图个安稳。这批顾客数量庞大，而且比富人好伺候。于是，这些证券公司为这批客户提供了华尔街未曾提供过的一种新产品：平静的心灵。一些百货公司发现，拉丁裔移民和非裔美国人中不知不觉地涌现出了一批中产阶级，这是一个巨大的商机。虽然经济增速放缓，但人们的闲暇时间多了，而且人们对高质量生活的追求并没有停止，于是，美食、慢跑器械成为新的赛道。

德鲁克感慨地说，"当下许多讨论认为创业是一种略带神秘色彩的东西，将其视为天赋、才干、灵感或'灵光乍现'"，其实不然。创新起源于管理者的日常决策。创新是可以通过学习和训练加以掌握的。创新不是一个人的独断，而是一群人的行动。在德鲁克看来，"创新与创业是能够加以组织（且必须加以组织）的有目的的任务，也是系统性的工作"。

德鲁克反对为了当领导者而去创新，也反对为了未来而去创新。要为活下去创新，要为当下创新。创新是具体细致的，"有效的创新从小处开始。它们只是尝试去做一件并非宏大的具体事情"。创新是谨小慎微的。德鲁克说，"我也认识很多成功的创新创业者，他们之中没有一个人喜欢冒险"。

1.6 最终的赢家

熊彼特和德鲁克,谁说得对呢?

不同的时代有不同的创新。

熊彼特出生于第一次世界大战之前,年轻时,他见证过经济全球化的黄金时代。或许,他终其一生都在期盼辉煌岁月能再度出现。后来发生的互联网革命非常像熊彼特描述的那种创新:新技术摧枯拉朽,企业家豪情万丈。一切都敢想象,一切都值得从头再做一遍,商业传奇每天都在涌现。可惜,熊彼特从来没有见到这一幕发生。

德鲁克在年轻时就遭遇了经济危机和大萧条。他知道,糟糕的结局后面很可能跟着更糟糕的结局。或许,他更习惯在逆境中发现机会,从悲观中看到乐观。但他经历的动荡太多了,以至于他不敢去想象一个大获全胜的结局。在他写作《创新与企业家精神》的时候,互联网革命的曙光已经出现,但德鲁克会说,庆祝胜利为时过早,别着急,再等等看。

所以，什么样的创新占据主流，和经济周期所处的阶段有很大关系。在经济高速增长阶段，增量比存量更重要，创新者都是拓荒者，都忙着开疆拓土。他们的身上洋溢着那个时代的精神，当时的时代精神是个人拼搏。人们普遍相信，只要靠个人努力就能出人头地。创新者把同行更多地视为竞争对手。既生瑜，何生亮，一山难容二虎。创新者相信，只要我有更先进的技术和商业模式，对传统行业必然是降维打击，消灭了旧势力，才能占据他们的地盘。创新就像森林中的野火，烧掉腐朽的古木，才能让新的幼苗成长起来。

在经济低速增长阶段，存量比增量更重要。创新者更像是拾荒者，他们擅长从腐朽中看到神奇，在边缘地带寻找机会，俯身弯腰，精耕细作。他们的身上一样洋溢着那个时代的精神，此时的时代精神是互帮互助。天冷了，要抱团取暖；疲惫了，要有人陪伴。长路漫漫，好在有你有我。创新者更善于找到合作伙伴，在生机勃勃的生态系统中找到自己的生态位。创新者相信，要有联合战线，要尽可能地化敌为友。创新就像日夜奔涌的大江，不辞细流，不休不止，不怕百转千回，不惧山高路远，终会东流到海。

回到我们所处的这个时代，你大约能够看出，熊彼特式的创新正逐渐消沉，德鲁克式的创新方兴未艾。我们曾经熟悉的那些创新故事都是慷慨激昂的，创新是为了改造世界，创新是为了推倒重来。但曾经的创新者转眼成了垄断者，创新带来了少量的赢家，也催生出大批的输家。这样的创新是不可持续的，且有可能引发巨大的震荡。于是，在这个时代，我们看到的更多是德鲁克式的创新。大部分创新不是为了成为胜者，而是为了不被淘汰；不是为了考第一，拿一百分，而是为了能及格，考六十分。

可是，谁又能说熊彼特式的创新不会东山再起呢？新技术革命不是已经露出霞光了吗？全球化虽然经历了退潮，不是依然在努力运转吗？历史的钟摆不会只朝着一个方向摆动，新生的一代会带来新的思想。如果我们不只看眼前，还要看远方，那未来的创新又是什么样呢？

在我们这个时代，德鲁克式的创新更为活跃，熊彼特式的创新正在酝酿。未来的熊彼特式创新，很可能正蕴藏在现在的德鲁克式创新中。也就是说，那些能够带来更多熊彼特式创新的德鲁克式创新，是最终的赢家。

这样的创新之所以能够成为最终的赢家，是因为它们采取了混合策略，也就是兼用德鲁克式创新和熊彼特式创新。这是过渡时期有高远之见的创新者所采取的策略。他们知道未来已来，他们知道先知就在人群当中。但他们没有那么着急，他们要先倾听，不会妄下判断，因为先知可能会以最卑微的面目出现。哪个是真的先知，哪个是假的？谁是施洗约翰，谁又是耶稣？这要先相处一段时间，深入了解之后再进行评判。于是，这样的创新者会既有先手，又有后手。先手用德鲁克策略，保证自己不下牌桌；后手用熊彼特策略，力争在最后一局大获全胜。这样的创新者，犹豫时如狐狸，凶猛时如狼，飞在空中如鹰，潜入深海如鲸。不张扬，不冒进；有定力，有方向。他们的策略，最大的特点就是分阶段预判未来，分阶段实施不同策略，在过渡时期采用德鲁克式创新，在新均衡点即将到来的时候切换到熊彼特式创新，这样才能避开阻力，熬死对手，穿越周期，保全力量。

为什么一定要既有先手，又有后手呢？

因为要想上山，先要下山。

注　释

1　本书未注明来源的事实、数据等均源自媒体公开信息及作者调研。
2　α 是评估投资组合表现的重要指标，指的是投资组合的实际收益超出市场平均收益率的部分，即超额收益。不追求 α，就是说不要总想着能优于市场平均水平。
3　右侧交易，指在市场交易趋势明确转向之后，再做出买卖决策。
4　投中网：《金沙江朱啸虎：别下牌桌，别下牌桌，别下牌桌》，https://baijiahao.baidu.com/s?id=1796457603014994922&wfr=spider&for=pc，2024 年 9 月 27 日访问。
5　［美］布莱恩·阿瑟：《技术的本质：技术是什么，它是如何进化的》，曹东溟、王健译，浙江科学技术出版社 2023 年版。
6　［德］韩炳哲：《山寨：中国式解构》，程巍译，中信出版集团 2023 年版。
7　［美］彼得·德鲁克：《创新与企业家精神》，蔡文燕译，机械工业出版社 2007 年版。

2

光芒来自远方的山顶

2.1 先下山，再上山

在经济高速增长时期，每个人都斗志昂扬，想赢每一局牌，但是，这恰恰是一个误区。想要每一局都赢牌的玩家，很可能输得很惨。

进化论认为，物竞天择，适者生存。人们会把这句话理解成能生存下来的都是赢家。在非洲大草原上，跑得最快的狮子才能抓到羚羊，跑得最快的羚羊才能不被狮子抓到。它们只有努力练习奔跑，让自己跑得越来越快，才能见到第二天的太阳。人生不也是一样吗？学生考试分数最高，才能进最好的大学；打工人工作最卖力，才能保住自己的工作；商家价格压到最低，才能把货卖掉；企业规模做到最大，才能在行业里立于不败之地。这些经验在过去都被证明是有效的。但是，或许你已经有所察觉，如今这样的努力不再像以前那样有效，甚至，越努力反而越糟糕。清华、北大毕业的学生，一样在竞争实习生的机会；辛辛苦苦的打工人，一夜之间被公司"优化"了；打价格战的商家最终两败俱伤；行业里规模最大的企业可能一夜之间轰然垮掉。为什么会这样呢？因为外在的环境变了，自身的处境就会变。回到狮子和羚羊的例子。如果气候变了，原来一望无际的稀树草原变成了林深树高的热带雨林，动物们都上树了，那么跑得再快，又有什么用呢？

过去，大家都在上山的路上，都想尽快登上山顶。如今，即使已经登上了山顶，你也会发现，自己登上的只是一个小山包。远处还有一座更高的山，山顶光芒万丈。但从这里到那个山顶，没有直达的缆车。要想过去，你得先下山，穿越峡谷，然后才能再上山，一步一步，登上新的山顶。

为什么我们常常会被困在小山的山顶？进化论学者有一个洞见。达尔文在思考物种进化的时候，考虑到了适者生存的自然选择机制，却忽视了很重要的一点：如果只有自然选择这种机制，大部分生命创新很可能都不会出现。著名哲学家丹尼特就曾点评过达尔文，说他的学说能够很好地解释适应性，但解释不了多样性。[1]但我们都知道，没有多样性，就没有旺盛的创新。多样性是创新的土壤，创新来自互相交流、互相学习、互相杂交、互相融合。

生命的进化需要创新，创新都是自发的，并没有一个高高在上的神祇指引方向。如果让自然选择来开发令枪，那竞争的压力将导致所有生命都努力朝着更优的方向进化：跑得快的努力跑得更快，跳得远的努力跳得更远，飞得高的努力飞得更高。它们都要力争向上，都想登上山顶。

这是一种很奇特的登山比赛。所有的登山者只关注朝上走，却看不到全景。我们用一个看似离奇的假设来说明这种情况：所有的登山者都要用一块红布蒙住双眼。那怎么登山呢？很简单，虽然看不清周围的景观，但登山者能感知到是朝上走还是朝下走——如果一脚迈出，比上一脚更高，就是朝上走。那登山者心里就有数了——无论从哪个地方出发，走哪一条路，只要做到下一步迈出去始终比上一步更高，就一定能到达山顶。为了避免有人在细节上较真，我们还可以假设，这是一座光秃秃的、馒头形的山，路上没有沟沟坎坎，也没有森林藤蔓，不会让人在登山的时候被绊一跤。既然蒙着眼睛，登山者怎么知道自己已经到了山顶呢？如果真的到了山顶，那再往任何一个方向前行都是朝下的。用学术术语来描述，可以说，山顶就是一个稳定的均衡解。

这个时候，登山者把红布摘下来，四处张望。十有八九，他会绝望地发现，虽然已经到达了山顶，但自己登上的只是一个小山包。群山连绵，起伏蜿蜒，真正的主峰可能就在旁边，却隔着一道深深的峡谷。事实上，按照这样的登山方式，所有的登山者都从自己所在的位置出发，二话不说，直接上山，结果一定是大部分登山者都只能登上小山，到不了真正的主峰。正是因为无法看到全局，却一心一意要朝上走，最终害了他们。

这些年，你一定见多了被困在小山山顶的结局：最聪明的学生上学的时候听说金融业前途最光明，没想到毕业之后却赶上金融机构裁员限薪，如今他们又想去考公务员，但谁知道哪一天会轮到机构精简呢？最有志向的制造业二代要接班，却不知道该干些什么。父辈选了一类产品，比如毛巾，而且已经成功地占据了全球市场的绝大部分份额，但二代却迷茫了：难道我也要一辈子生产毛巾？当年生孩子的很多，月嫂特别抢手，是服务业里少有的高薪职业，但转眼之间，大家都不生孩子了，最出色的月嫂们开始发愁了：我以后该去干什么？

这给了我们一个启示：为了上山，先要下山。

为了到达真正的峰顶，你得下山，从高往低走，直至最低的谷底，然后才能再次攀升，一步一步，登上新的峰顶。这就像但丁在《神曲》里讲的故事。但丁在人生的中途迷失了正路，走进一座幽暗的森林，凶猛的豹子、狮子和狼拦住去路。他想要登山，一步步到达天国，但他的导游——古罗马诗人维吉尔却告诉他："你要逃离这个荒凉的地方，就须要走另一条路。"[2] 欲上天国，先下地狱。于是，但丁一层层朝下走，直至到达地狱的最深处，然后才能朝上走，途经炼狱，最终到达天堂。

那些不愿意下山的人呢？他们很可能惨遭淘汰。举个例子。早在20世纪80年代中期，日本就超越美国，成了DRAM（动态随机存取存储器）这个市场的世界第一。这可不是一件轻而易举的事情。当时，DRAM 多用于大型电脑和电话交换机设备，这类产品的用户要求制造不会出故障的 DRAM。大型电脑要求 25 年的质量保证，电话交换机要求 23 年的质量保证。这么苛刻的要求，日本的半导体制造商居然做到了。遗憾的是，"成功是失败之母"。到了 20 世纪 90 年代，个人电脑取代了大型电脑。谁的个人电脑会用 25 年呢？过不了几年就换新的了。所以个人电脑的存储器不需要质量太好，但要求价格低廉，而且能大量供货。这对日本的半导体制造商来说是一种羞辱：什么？我已经考了 90 分，你却让我考 70 分？

日本的半导体专家汤之上隆讲过这么一个故事。2005 年，512M[3] 的 DRAM 是当时最尖端的存储器。日本有一家半导体企业叫尔必达，生产该款 DRAM 的成品率是 98%，而韩国三星的成品率只有 83%。看起来，日本企业的技术水平高于三星，其实不然。三星生产的该款 DRAM 的芯片面积是 70 平方毫米，而尔必达的是 91 平方毫米。因此，成品率为 83% 的三星能够从一片 30 厘米的晶圆中切割出约 830 枚芯片，而成品率高达 98% 的尔必达只能切割出 700 枚左右。而且，我们还要考虑到，成品率从 60% 提高到 80% 相对容易，但从 80% 提高到 95% 则很难很难，要付出更高的代价。结果，尔必达制造一枚芯片所花费的成本大概是三星的两倍。[4] 爱钻牛角尖的学霸，就这样被更灵活善变的学渣赶超了。日本的半导体制造商到了山顶，不愿意下山。最终，在 20 世纪 90 年代，韩国的三星迎头赶上，市场占有率超过了日本企业。

怎么看是不是真正的高手呢？真正的高手都知道，为了上山，必须先下山。1997 年，全球知名的高尔夫球明星"老虎"伍兹，以创纪录的十二杆优势赢得了大师赛。这不是已经到了事业的巅峰吗？但他却做了一个大胆的决定，要改变自己的挥杆动作。对伍兹来说，这是一次相当彻底的调整。他要练习下半身的稳定性，减少过多的腿部动作；他要调整挥杆平面，使其不再过于陡峭，而是更加平缓圆滑；他要减少手腕动作，从而在击球时对球杆面有更好的控制。这一调整不要紧，他的成绩马上就掉下来了。1998 年，他只赢得了一场赛事，而 1997 年他赢了四场。不过，伍兹心中有数。果然，到了 2000 年和 2001 年，他登上了一个新的巅峰，实现了前所未有的连续四场大满贯冠军，被球迷们称为"老虎大满贯"。后来，伍兹又调整过几次挥杆动作，每一次都会经历短暂的成绩下滑，但每一次调整之后，他的球技都能达到一个新的高度。这代表了他对卓越的执着追求，以及愿意为长远目标做出短期牺牲的决心。

先下山，再上山，这是不下牌桌的精义。创新既需要智慧，又需要勇气。智慧就是知道争第一并不重要，活下来才重要。勇气就是明明已经站在山顶了，还能放下一切，心无挂念，头也不回地下山。

2.2 光芒来自远方的山顶

李宗盛有一首歌《山丘》,歌里唱道:"不知疲倦地翻越／每一个山丘。"如今,中国经济也已经越过山丘,站在山顶,而更高的山还在远处,接下来,也许要走一段很长的下坡路。先下行再上升,这是经济转型的必经之路。但是,我们是怎么登上现在的峰顶的?下一个峰顶又在哪里,看不看得见?

我们能登上现在的峰顶,是因为在过去三十多年里,有三个支柱产业推动了中国经济的高速增长:互联网、房地产和金融。再往深处看,我们又能发现,每一个支柱产业都有重要的关键变量支撑,于是,大厦才能起于平地,直上云霄。

支撑互联网产业的关键变量:一是技术突破,二是"杀手"级的应用软件。先是个人电脑的出现,改变了技术的演化路径。电子计算机不再是锁在密室的怪兽,而是人人都能领养的萌宠。随后,互联网的出现,创造出了一个不同于现实世界的虚拟世界,改变了人类交往和交流的方式。再往后，出现了智能手机，进一步拉近了人与虚拟世界的距离。不知不觉之中，智能手机已经变成了很多人须臾不可分离的新"器官"。

个人电脑时代，Windows（视窗）操作系统让人可以和机器对话，而Office办公软件改变了工作和创作的方式。到了互联网时代，社交媒体上的交流代替了访亲问友；自媒体代替了报纸和杂志；有了网上购物，人们就很少再光顾线下商店。再到移动互联网时代，生活中的各种服务在手机上点点戳戳就能搞定，一切汇聚于股掌之间。出门打车用滴滴，吃饭点餐用美团，阅读用微信读书，就连看电影都是在手机上。这些"杀手"级应用从方方面面改变了我们的生活。

房地产产业的崛起，背后有两个支撑变量：一是国民级的需求，二是强大的利益联盟。计划经济时期，城镇人口依靠单位分房。1994年启动的住房体制改革，唤醒了人们内心的买房冲动。后续的许多年里，房价一路上涨，不仅没有打退，反而激起了人们更大的买房豪情。买房是这一代中国人最大的执念。绝大多数中国家庭的最大一笔财富就是他们买的房子，最大一笔负债就是他们为了买房在银行借的按揭贷款。

在房地产产业的背后，有一个巨大的利益联盟。产业的上游连着钢铁、水泥和玻璃，下游连着装修、家具、窗帘、灯具，甚至花鸟市场。地方政府是房地产产业发展的推动者，这是因为土地出让金成了地方政府的主要收入来源。各地政府互相竞争，纷纷用低廉的价格出让工业用地，吸引企业投资。企业来了，GDP（国内生产总值）就上去了，就会有税收、就业，第二产业拉动第三产业，住宅和商业地产的价格才能提高，才能收到更高的土地出让金。这给地方政府支持房地产产业提供了强大的动力。

金融产业的崛起也有两个支撑变量：一是政策转向，二是精英加持。新中国成立之后，计划经济体制确立。计划经济并不需要复杂的金融体系：不需要风险投资，不需要股票市场，甚至连银行体系都可以大大简化。20世纪90年代，市场经济蓬勃发展。当时的领导人深信，只有高度发达的金融体系才能进一步助力市场经济的深化。想要让企业的治理机制完善，就要让股票市场扮演监督者的角色；想要有更多的技术创新，就要学习硅谷的风险投资模式；想要在大宗商品市场上有话语权，就要有期货市场；想要进一步融入全球经济体系，就要建设国际金融中心，推动人民币国际化。当时流行的话语是"和国际惯例接轨"。

那段时间，金融产业成了人才最为密集的产业。最优秀的学生都想学金融，最优秀的学生都想毕业之后进金融机构。这些精英有着鲜明的特色：大部分都是文理兼修；大部分都既有国内的人脉资源，又有海外的学习工作经历；大部分都不曾在制造业或服务业的一线干过——他们像是一群从军校毕业的高才生，从来没上过前线，全都挤在司令部里当作战参谋。国外的金融精英和国内的金融精英属于同一个物种，就像海上的鲸鱼在很远的地方就能呼唤同类，他们也经常聚在一起攒个局，找点事做。有了资本的加持，互联网企业才能跑马圈地，在极短的时间内建立庞大的商业帝国。有了资本的加持，房地产企业才能不断地扩大规模，滚动的速度越来越快。

然而，俱往矣。金陵王气黯然收。过去的三大风口产业都已跌入尘埃。个人电脑和智能手机的市场渗透率早已饱和，而且多年来再也没有出现过新的"杀手"级应用。房地产企业债务越滚越大，利润越卷越薄。跳舞的大象站在冰上，而冰层正在解冻。金融创新走得太快、太远，回头一看，实体经济并没有跟上。过犹不及，过度的金融创新无形中使经济体系的系统性风险显著加大。

到该下山的时候了。

好容易爬到山顶，却要再往下走，这多少会让登山者感到气馁。但是，你要做好先下山、再上山的心理准备。只要抬头远眺，你就能看到下一个峰顶。等到达那里，你会看到比昔日更辉煌的前景。

为什么说光芒在远方的山顶呢？因为新技术革命正在赶来的路上，老龄化将带来不少新的商业机会，而全球化还会重回正轨。

这三个趋势，就是通向未来的三趟班车。它们的到来可能有先有后，有时候也可能会在路上耽搁，没有那么准时，但是，该到的总会到。第一辆车开走之后还有第二辆。先走的班车虽然早到，但车上很挤，后面的班车一样能到达目的地，而且找座容易。这些机会一旦成熟，便会敞开供应，惠及每一个行业、每一个人。这个转型期并非一蹴而就，但恰恰因为如此，你才能从长谋略，从容应对。

有人说，什么新技术革命，我没有看到啊？其实，技术突破已经出现了，只不过现在还没有找到国民级的应用场景。打个比方，我们现在大概处于蒸汽机已经出现，但火车还没有问世的时候。然而，有了蒸汽机，火车的问世不过是早晚的问题。火车不就是"蒸汽机+车厢+轮子+铁轨"吗？当所有组件都凑齐了，那就只需要等有心人把它们拼起来，不在伯明翰就在曼彻斯特，不在曼彻斯特就在康沃尔，你不干，总有人干。人工智能、电动汽车、新能源，都是我们这个时代的蒸汽机。它们会不断融合，不断溢出，直至改变每个行业、每个人的生活。

有人说，老龄化会让经济增速放缓。别忘了，当年也有人说，孩子多了会让经济增速放缓。人们能活得更长久，活得更健康，对社会的贡献不是更大吗？过去，每一个中国家庭都想买房，所以才有了房地产这样的支柱产业。以后，每一个中国家庭都有养老的需求，那又会带来很多机会。当然，过去的房地产产业是用高杠杆、高周转的模式，把规模做得很大，那就可以捡大西瓜。

以后，捡西瓜的商业机会越来越少了，但遍地都有捡芝麻的机会，就问你想捡还是不想捡？

有人说，全球化明明在退潮，怎么可能回来呢？其实，从大历史的角度去看，现在的全球化退潮不过是短期内的应激反应，因为过去的全球化列车开得太快了，有人晕车，所以得放慢速度。但是，美国阻挡不了中国经济的崛起，也无法把全球供应链拆掉，从头再建。等到"冷战"时期长大的一代政治人物从历史舞台上退下去之后，全球化还会回来的。现在航班只是延误，并没有取消。就算这趟航班取消了，飞机还在，飞行员还在，空姐还在，随时可以起飞。到时候，飞机要起飞了，可别说，糟糕，我还没有订票呢——那就赶不上了。

2.3 为谁赋能

我们之所以很难辨认出新技术革命，是因为它们还没有找到大规模的应用场景。决定新技术影响力究竟有多大的，其实不是它的技术有多高深，而是它能不能找到最广泛的应用场景。

有一个标准可以帮助我们评判哪种新技术最有可能成为新的主角，那就是看它为谁赋能。一项新技术，能给更多的行业、更多的人赋能，对经济的影响就更大。

我们可以用这个标准来评判一下三位候选者。

第一位候选者是人工智能。自从 ChatGPT 问世之后，人们对人工智能产生了浓厚的兴趣。一方面，人们总是在惊叹，人工智能技术进步的速度怎么这么快？另一方面，人们又很困惑，说好了人工智能要改变世界，等了这么久，怎么还不见动静？

抛开技术上的讨论，在展望人工智能发展前景的时候，我们只需要追问一个问题：它究竟为谁赋能？这个问题似乎很难回答。

我们经常会听到这样的说法：人工智能将渗透进每一个行业、每一个人的生活。

现在，我们把这个问题简化一下，来看一个日常生活中的场景。有了ChatGPT之后，针对一个老师和一个学生，你觉得人工智能会为谁赋能？这不好说，要看拿人工智能干什么。如果拿人工智能去画一幅画，做一个短视频，老师很可能不如学生，因为他原本就不会干这些。

那我们再聚焦一下。假如现在要写一篇论文，针对一个老师和一个学生，你觉得人工智能对谁的帮助更大？

这时候，答案就清晰了：很可能是对老师的帮助更大。我们来想想背后的原因。不是学生的学习能力不行，而是学生还没有入门——他没有一个具体的目标，没有做研究的经验，所以，工具再好，他也不知道能用来干什么。而老师呢？他常年做研究，积累了很多经验，能判断人工智能做出来的东西好不好用，为什么不好用，然后再去进一步调试和训练人工智能，这样就能让人工智能发挥更大的作用。

人工智能只是一个工具，工具的使用者必须有明确的目标，还得有经验，才能让工具物尽其用。比如，人工智能软件可以帮你翻译，但你的外语水平有多高，决定了你能利用它到什么程度。如果你不懂英文，ChatGPT帮你把中文翻译成了英文，你只会觉得，哇，好厉害。如果你的英文水平很高，你就能看出它到底哪里厉害，厉害到什么程度，还有哪些地方是可以改进的，于是，你才能进一步去调教工具。当然，为了更好地调教工具，你最好还有大数据。喂得越多，人工智能的大模型就学得越快，变得越聪明。

于是，我们就能得到一个判断：人工智能更多是为精英企业和精英个人服务的。目前人工智能赋能的只是站在塔尖上的一小群人，也就是那些已经占据优势的精英人士。精英有行业经验，可以给人工智能当"带路党"，帮人工智能找到它在每个行业的应用场景。精英有广泛的人脉关系，而借助人工智能，他们可以进一步放大自己的影响力。精英有现成的事业，有明确的目标，所以可以用最直截了当的方式应用人工智能，也就是让人工智能帮忙降本增效。但是，那些没有经验、没有人脉、没有先行优势、处于金字塔底层的人，则会越来越处于下风。

携程创始人梁建章告诉我，他最担心的是人工智能会让年轻人失去第一份工作。的确，就我个人的体验来说，人工智能最容易替代研究助理和行政助理。查找资料、整理文献、分析数据，甚至安排行程，人工智能都可以比初出茅庐的年轻人做得更好。但问题在于，年轻人在学校里并没有学到多少和真实世界有关的知识，他们要在第一份实习或第一份工作中懵懵懂懂、磕磕绊绊，从干中学、从错中学，才能获得这样的知识。如今，他们很可能连入场机会都要失去了。

这是一件令人担忧的事情：人工智能很可能将带来一个赢家通吃的时代。一将功成万骨枯。人工智能的普及，很可能引发更严重的收入不平等矛盾。在妥善处理这些矛盾之前，人工智能将无法全面应用、施展潜力。因此，且不说现在还没有找到新的商业模式，也不说可能还有路线之争（关于是不是只有大语言模型这样一种人工智能的形式，学术界还有很多争议），单从能够赋能的群体来看，人工智能便还有更长的路要走。

再看第二位候选者：电动汽车。电动汽车正在逐渐替代传统的燃油汽车，这是大势所趋。你可能会觉得，不就是用一辆新汽车代替了一辆旧汽车吗？从增量上看，没有什么变化啊。其实，电动汽车带来的影响要更深刻。

电动汽车将改变汽车的定义。作为对比，你可以回想一下当年从功能手机到智能手机的转变。买功能手机的时候，我们主要还是用它打电话，它和电话座机的区别几乎只是能否移动。但有了智能手机以后，我们用它打电话的机会反而少了很多。如今，如果电话铃声冷不丁地响起，一个陌生的号码拨进来，我们会觉得很不适应。我们花更多的时间用手机刷朋友圈、看短视频、打游戏、网购……手机已经变成了一个完全不同的新物种。

同样，相对于燃油车，电动汽车也是个新物种。燃油车是一种代步的交通工具，电动汽车却是一个可以移动的私人空间。为什么这么说呢？我们看一个简单的应用场景。开燃油车的时候，你很难把车停下来睡一觉。如果天气太热或者太冷，睡觉时都需要关上门窗，打开车里的空调。停车开空调，发动机持续运转却燃烧不充分，车厢里的一氧化碳浓度会逐渐升高，可能引发一氧化碳中毒。而电动汽车就没有这样的危险，你可以放心地躲进车里打个盹，休息一下。

这只是一个应用场景，你还可以想象出更多的应用场景：长途旅行的时候把车当成酒店；开到郊外把车当成餐桌；一个人躲进车里听音乐、打游戏、看视频。为什么不呢？电动汽车的配置越来越高。中国的造车新势力们特别喜欢把各种各样的智能化产品塞进车里，电动汽车变得越来越有灵性，人和车之间的交流越来越顺畅。你很可能会发现，家里最舒服的沙发就是车里的沙发，家里效果最好的音响就是车里的音响。所以，如果有一天，你发现身边有个朋友，买了一辆电动汽车，从来也不开出去，但每天都要进去待一段时间，你就会明白，电动汽车已经变成一个新物种了。

移动的私人空间远比代步的交通工具更能打动人心。谁不想要一个专属的独立空间呢？有多少男人曾经在一天奔波之后，先在车里抽一支烟，发一会儿呆，才上楼回家？有多少女人曾经躲在车里偷偷地大哭一场？当车成为一个移动的空间之后，它才能和我们生活中更多隐秘的东西、美好的东西深深地联结在一起。

沿着这样的思路，我们大致能得出一个判断：和人工智能相比，电动汽车赋能的人群更为广泛。它能影响在城镇里过上了中产以上生活的那些人，改变他们的生活方式。

再来看看第三位候选者：新能源。

你可能会奇怪，怎么是它呢？一来，2024年，新能源行业正处于最灰头土脸的时候。从硅料、硅片到电池组件，价格都在下跌，很多行业龙头企业都在亏损。到底还有没有希望？其实，在新技术发展的过程中，供给和需求是在不断发生变化的，供给过剩之后，成本就会被压低；成本压低之后，需求就会增加。一轮又一轮的供需失衡，一次又一次地撑大了市场规模，行业才有了更广阔的发展前景。二来，新能源行业似乎没有什么了不起的高科技。以光伏行业为例。这个行业的供应链并不长。从单晶硅、多晶硅到组件、电池，每个生产环节的技术壁垒都不算高。一家企业能做，别的企业也能做。大家拼的无非是价格，而价格已跌到了原材料的成本线。拼到最后，卖的不过是原材料——它怎么能算高科技呢？

但是，我们要考虑的是技术赋能的范围。能源是最基础的行业之一。没有能源，就没有工业化和城市化。所有行业的尽头都是能源。

电动汽车的尽头是能源。电动汽车行业要想发展，需要更稳定、可靠的电池来解决用户的"续航焦虑",需要更方便、快捷的充电网络。电动汽车的普及还会促使智能电网加速发展。电动汽车的数量越来越多,智能电网就要进一步实现对电力的精准调度和优化配置。

人工智能的尽头也是能源。芯片性能的提升,服务器的布局,数据中心的建设,网络传输等基础设施的配置,甚至给服务器降温的温控系统,都需要大量的电力。ChatGPT 每日耗电量超过 50 万千瓦时,相当于 1.7 万个美国家庭的能耗。这还只是起步阶段。如果人工智能开始大规模落地,用电量必将大幅攀升。难怪微软、谷歌都已经开始投资核电站,而 OpenAI 的创始人之一山姆·奥特曼,则自己掏钱投资核能公司。

新能源行业注定是要改变地球的。在这个至关重要的行业里,中国的光伏企业异军突起,超乎人们的想象。

刘家琦在《大国光伏》里说到,这是由各国光伏行业的基因决定的。[5] 每个国家发展新能源的努力方向都大不相同。新能源问题在美国很容易被政治化。美国公众的政治态度日益两极分化,一党支持,必有另一党反对。美国还有强大的石油工业集团,能源政策经常被利益集团绑架。德国的新能源政策与反核运动有关。德国的社会运动活跃分子反对建核电站,也不希望德国过度依赖化石能源。这些选项都不要,总要有新的选项吧?新能源是作为备选项才被提上议事日程的,这就决定了德国并非全心全意地发展新能源，政策总是飘忽不定。日本发展新能源的决心更大。日本是个资源稀缺的国家，曾深受石油危机之苦，其发展新能源的终极目标是实现能源自给。因此，日本的新能源行业并没有关注海外市场。

中国的新能源行业与众不同。第一，中国的新能源行业有强大的制造业基因。也就是说，中国企业最关心的是能不能把产品造出来，能不能用更低的成本造出质量更好的产品。当别人都在高谈阔论的时候，中国企业现身了。它们想的是：有趣，原来大家都想用新能源替代化石燃料啊。那怎么干呢？要发展太阳能。怎么用太阳能发电？要有一块太阳能电池板。这个板子是怎么做出来的？用硅做出来的。什么是硅？沙子就是硅……那就好办，开干呗。你可以嘲笑它们土得掉渣，不会作秀，但人类能源革命的突破，很可能就是由这批企业实现的。

第二，中国的新能源行业从诞生的第一天起就离不开国际市场。最早的时候，中国的光伏企业不仅依赖国外的技术，还依赖国外的市场。虽然经历了2012年欧美的"反倾销、反补贴"冲击，但中国的光伏企业始终没有离开过全球市场。政府也支持企业走出去。发展中国家的政府总是希望通过产业政策加快本国企业技术升级，但怎么衡量产业政策是否成功呢？如果企业都在本国市场，都找政府要政策、要补贴，那政府无从判断谁更有竞争力，不如让它们都去海外市场，是骡子是马，拉出去遛遛。在海外市场卖得好的企业，肯定竞争力更强。用这样的方式，政府就可以甄别出优秀企业。

若以赋能范围来看，新能源的影响力最强。它会影响每一个行业、每一个人。发达国家会受到影响，发展中国家也会受到影响。高科技行业会受到影响，农业也会受到影响。非洲部落的孩子会受到影响，印度农村的妇女也会受到影响。如果有一天，新能源全面替代化石能源，这意味着什么？不妨狂野地设想一个世界：能源可以无限供给，而且成本几乎为零。在可以预见的未来，世界将因能源转型而焕然一新。

2.4 老人潮

天鹅到家是一家家政公司，主要提供月嫂服务。2024年，天鹅到家的上海分公司发现了一个有意思的小趋势：在他们收到的月嫂订单中，有1/3左右是由老人，也就是新晋的爷爷奶奶或外公外婆买单的。不愿意生儿育女的是年轻人。一有孩子，生活压力陡然变大，年轻人觉得这是一种不能承受之重。过去，年轻人生了孩子，爷爷奶奶或外公外婆会帮忙带孩子、照顾产妇，但如今这一代老人忙着自己出去玩，没时间带娃。他们也认可了月嫂服务。带娃是个技术活，得由专业的人来做专业的事。于是，老人跟子女说，放心生吧，愿意生几个就生几个，生完娃，我们出钱请月嫂。

这个小趋势能解答我们关于老龄化的一些困惑。人们都知道老龄化是大势所趋。许多人都在讲，"银发经济"已经到来。但为什么直到现在，依然很少出现专门为老年人提供产品和服务的品牌呢？都说养老是每个中国家庭必然会有的需求，但为什么直到现在，养老行业依然不温不火，就连最高端的养老院都还处于亏损之中呢？

这是因为我们正在经历老龄化的过渡阶段。这个阶段的特征是"婴儿潮"中出生的人陆续到了退休年龄，形成了一股"老人潮"。新中国成立之后经历了三次人口生育高峰。第一次是在1950年到1957年，中国走出战乱，国泰民安，人口高速增长，自然增长率达到20‰以上。1962年到1973年，出现了第二个生育高峰。中国从"大饥荒"中恢复过来，出现了一波更为强劲的人口增长。1963年，中国人口增长速度达到20世纪下半叶的最高点，当年的总和生育率高达7.502，出生率高达43‰。1981年到1990年，出现了第三个生育高峰，这是因为前两次生育高峰中出生的人到了成家立业、生儿育女的时候。如今，第一次和第二次生育高峰中出生的人大部分在六十岁左右。这批老人身体健康，不需要别人照顾。他们劳累半辈子，有了一定经济基础，如今终于有了大把空闲时间。所以，他们正忙着享受生活，还没顾上养老。

这批老人成了一股新兴的消费力量。游山玩水的是他们，在广场上跳舞的也是他们。钓鱼的是他们，长枪短炮，带着摄影器材到处拍照的也是他们。马拉松的赛道上能见到他们，演唱会的现场也能见到他们。这是一批乐龄老人、活力老人。他们不服老。你提供的产品和服务如果特意标上老人专用，会让他们觉得是一种冒犯——谁老了？你才老了呢。

这让我们去反思关于老龄化的一些判断。流行的说法是，老龄化导致劳动力人口下降，所以经济会失去活力。但是，工作制度和退休制度都在发生变化。工作制度变得更为灵活。创业是一种就业，打零工也是一种就业。2024 年，延迟退休的消息引起了极大的争议。还在工作的人，想到未来要再多上几年班，就觉得糟心。但快退休的时候，很多有工作能力的人又希望多干几年。多干几年收入更高，而且有事干总比没事干强。退休之后，很多老人不知道该干什么，一下子就蔫了。

赞成也好，反对也罢，延迟退休的消息都会引起人们的思考：我的全生命周期该如何规划？随着平均预期寿命越来越长，即使延迟退休了，人们在退休后也可能会再活三四十年，这段时间该怎么安排？假如有工作能力也有工作意愿的老人进入劳动力市场，就会增加一大批年富力强、经验丰富的优质劳动力。善加利用，就是老龄化时期的新人口红利：银发红利。

就算老人不想干活，不再进入劳动力市场，只要他们身体健康、生活幸福，一样会带来整个社会的福利增加。这样的老人能减少医疗费用的支出——未来整体医疗负担将越来越重。老人们忙着各种各样的创作，有画画的，有唱歌的，有写书的，有摄影的。子女不用操心他们，不需要为了照顾家中的老人而被迫退出职场，这也是老人对家庭和社会的贡献。这些老人有时间，有兴致，有经验。未来，他们当中会有更多的创业者和创作者。老人的生活越精彩，整个社会才越有活力。

但这只是老龄化的过渡阶段。五六十岁的老人会逐渐变成七八十岁。人到了七八十岁，身体的各项机能都会退化。那时，中国将进入深度老龄化时期，真正的养老需求将急剧增加。具体来说，会有两种新的需求。

一种需求是装修。过去，装修房子是年轻人的需求。年轻人结婚了，有了自己的房子，把房子装修成理想中家的样子，一个幸福的小巢搭好了，从此将开启人生中最兴奋而艰难的一段时光。以后，等我们老了，比如到了六十五岁以后，那些人生中曾经的风暴和云彩都留在了海上，可以看到前方不远处平静的港湾，我们需要休整一下，重新装修房子，把家收拾妥当，让自己坦然地迎接人生的暮年。地板要防滑，地面要平整，门要拓宽，灯光明亮又温暖，厨房的台面高度降低，以便坐轮椅也能操作，在顺手的地方要装上紧急呼叫按钮……

之所以会有这种需求，是因为90%以上的中国老人选择居家养老，7%选择社区养老，只有不到3%选择进养老院。绝大多数老人都不愿意住养老院，原因除了怕人笑话，担心去了养老院生活处处受限，更多是对家的依恋。家里多好啊。那些熟悉而心爱的旧物陪伴着我们，阳光透过窗户，阳台上有花，茶几上有冒着热气的茶，沙发上摊开放着读了一半的书，老花镜就在沙发的靠背上。这些生活细节滋润着老人，让他们的生活充盈、活泼。轻易改变老人的生活环境，对他们没有太大的好处。如果是患了阿尔茨海默病的老人，猛然被转移到一个陌生的环境，会让他们惊慌失措，对他们的身心都会有损害。

另一种需求是居家照护。五六十岁的老人还能照顾自己，但到了七八十岁，就很有可能需要人照顾。谁来照顾他们呢？指望他们的子女吗？那会把子女累坏的。中国的人口年龄结构已经呈倒金字塔形，一对夫妻未来要面对双方的父母，甚至双方的祖父母。两个年轻人，上面有三四个，甚至七八个老人，压力不轻。养儿防老，是中国家庭数千年来形成的传统，但在沉重的养老压力下，这个传统可能将迅速瓦解。

天鹅到家创始人陈小华有一次去拜访深圳的优必选，这是一家专门做机器人的企业。优必选 CEO（首席执行官）周剑带着陈小华参观公司新近研发出来的各种机器人。走了一圈，周剑忽然对陈小华说："你知道吗？我的梦想就是用机器人干掉你们公司。"

难道说，等我们老了，陪伴我们的将只剩下机器人？

陈小华觉得不会。如果是在日本，未来确实有这种可能。老人们说老就一起老了。你老了，照顾你的保姆也老了，实在没有办法让老人照顾老人。但中国的情况相对乐观一些。陈小华认为，如果想发展出规模庞大的居家照护服务，必须具备两个条件。一是人口基数足够大，不同年龄段都有相对充裕的人口。当"老人潮"整体到了七八十岁的时候,还能在五六十岁、三四十岁的人口中找到足够多的适龄劳动力。二是工资水平要有一定的落差。中国的城乡之间、地区之间、不同的城市之间,工资水平依然存在巨大差异,在一定的时间里,依然可以在本国范围内找到愿意做护工的劳动力。

想找照顾老人的护工,有现成的。公司里的月嫂们经常跟陈小华说,你也要考虑考虑我们的职业前景。生育率不断下降,月嫂的市场需求也在萎缩。而且,照顾产妇和新生儿太辛苦了。天鹅到家内部规定,过了五十八岁就不能做月嫂了,原因是月嫂经常要熬夜,一做就是二十八天、三十六天,甚至四十二天连轴转。如果年纪大了,这么劳累吃不消。可是,这些月嫂跟陈小华说,我们都是家里的顶梁柱,收入早已超过丈夫,孩子上学、老人赡养都不愁了,回老家还特别受尊重,我们不能不干活。月嫂们也恐惧衰老,恐惧职业危机。怎么办?可以让她们去照顾老人啊。只要是还能自理的老人,照顾起来工作强度就要小很多。跟老人说话,他们听得懂。老人一天只吃三顿饭,睡觉也比较有规律。大部分护工的工作其实只是防止老人出现意外而已。要论照顾人,谁的经验比得上月嫂啊?!陈小华的一位朋友曾经跟他说:"小华,等我老了就一个需求,帮忙找个月嫂来照顾我吧。人到老了,谁还不是个baby(小宝宝)呀。"

你看,需求和供给居然如此完美地匹配了。

陈小华已经开始筹划居家照护服务了。按他的设想，能够自理的初老者，只需要养老保姆定期上门服务，一周一到两次，费用在每次一两百元，检查冰箱，洗洗床单和衣服，给子女写个照护报告；年纪再大一点的尚能自理的老人，需要白班保姆或者住家保姆，费用约为每个月五千元；失能、半失能老人，需要最专业的养老保姆，费用可能是每个月九千到一万元。和高端养老院相比，这些服务不算昂贵，大城市年轻人负担得起，未来的老年人也负担得起。而且，通过不断扩大供给，服务价格未来有可能进一步降下来。如今，全国的家政工大约有三千万，天鹅到家上有两百多万，陈小华觉得，还是太少了。

"未来十年，我们力争把养老院带回家。"陈小华说。[6]

2.5 全球化会回来吗

关于中国企业出海的讨论热火朝天。有人说2024年是中国企业的出海元年，有人说中国企业的大航海时代已经到来。可是，如果出海是中国企业的必由之路，为什么在经济全球化的鼎盛时期，中国企业没有大规模出海？那个时候，欧美国家对中国企业的态度还算友好，全球市场还算开放，为什么不趁着最好的时机出去，反而到了全球化退潮的时候，企业要争先恐后地出海？

之所以选择在这个时候出海，一是因为国内太卷。企业都在打价格战，谁也赚不到钱。同样的产品卖到国外，利润率往往更高。二是因为贸易保护主义。中国制造的产品在海外市场遭到围追堵截，不少企业选择转移到海外生产，绕道出口，规避贸易管制。

如果是这样，那么中国企业出海其实是在全球化退潮时期的一种逆向操作。这相当于金融市场上的对冲操作，为的是防范风险。比如，日本的钢铁企业曾经投资澳大利亚铁矿企业，如果铁矿石价格上涨，会导致日本钢铁企业的进口成本上升，利润下降；

但澳大利亚铁矿企业的股票上涨，就可以用投资收益弥补利润损失。这样做当然是有道理的，但让我们想得更长远一些。如果有一天贸易保护主义退潮，全球化重新回到轨道上，已经出海的企业又该怎么办？难道把已经拉出去的人马再撤回来？

有人会说，这怎么可能呢？贸易保护主义正一浪高过一浪。美国两党之间争吵不休，唯一的共识就是反对中国。刚刚赢得选举、再次上台的特朗普总统，正是贸易保护主义的始作俑者。欧洲也好，日韩也好，一直跟在美国的后面，亦步亦趋，就连一些新兴市场和发展中国家也跟着起哄。全球化怎么可能会回来呢？

我们首先要判断，全球化退潮的背后究竟是经济力量还是政治力量。

如果说全球化退潮的背后是经济力量，那么，一定是因为生产方式出现了重大变化。一种可能性是生产已经完全自动化，不需要工人，只需要机器人。而且，我们还必须假设只有欧美国家才能生产出机器人。它们不仅能生产出机器人，而且生产成本全球最低。在这种情况下，制造业就会回归发达国家本土，想要什么，可以在国内安排生产。另一种可能性是出现了大规模的移民，发达国家新增了大批劳动力，而且这批劳动力又年轻又便宜。那么，发达国家的制造企业就不需要去海外建厂招工了，想生产什么，在国内就能找到满意的工人。

遗憾的是，这两种可能性都没有出现。制造业依然需要大量的产业工人，而发达国家正在关紧移民的大门。于是，我们可以看到，任何一个国家想要提高生产效率，甚至只是想要维持现有的生产和消费，都必须借助全球供应链。只要全球供应链还在，全球化就在。

全球供应链的复杂程度很可能超乎我们的想象。上游行业和下游行业紧密相连，高端产品和低端产品相互依存。别人可能卡住了你的脖子，但你也能捏住别人的裆。一旦外国企业对中国断供，中国可能买不到尖端产品，但把全球供应链一层一层剥开，你会看到，尖端产品的供应商，以及它们的供应商的供应商，有很多都是中国企业。所以，离开了中国企业，尖端产品其实未必能生产出来。甚嚣尘上的贸易保护主义只能增加全球化的不确定性，无法阻挡全球化的运行。只有一种情况能拆散全球供应链，那就是爆发一场席卷全球的全面战争。

但这恰恰是我们应该对全球化抱有信心的原因。正像在"冷战"时期，核武器的相互威慑形成了一种"恐怖平衡"，所以大国之间的关系表面上紧张，实际上缓和，全球经济的相互依存也有同样的作用。那些不断推动贸易保护主义的势力，最终是在帮助终结这一逆流。这是因为，没有不需要付出代价的贸易保护主义。没有经济基本面支持，单纯出于意识形态偏见而实行贸易保护主义政策，在现实中会遇到各种挫败。有些政策效果不理想，最终不了了之；有些政策事与愿违，不仅没有削弱对手，反而让对手变得更为强大；有些政策会带来意想不到的问题，把自己搞得焦头烂额。

我将其称为"南墙效应"。俗话说，不撞南墙不回头。错误的决策在经历一系列挫败之后，可能会被突然放弃。政客们依然在算计谁能赢得更多，他们以为唯一的均衡解是"我赢你输"。经历一连串的碰壁之后，他们才会明白，这样下去，唯一的均衡解是"双方都输"，甚至不是"双输"，而是"双亡"。

能够扭转局势的不单单是"双亡"结局带来的"恐怖平衡"，还有一个因素也值得关注，那就是代际革命。现在活跃在欧美政坛上的，仍然是"冷战"时期成长起来的政治人物，他们习惯于戴着有色眼镜去看这个世界。但这一代人迟早要退出历史舞台，新一代人会粉墨登场。年轻一代对中国更为友好，也不会把社会主义当作洪水猛兽。新一代的政策创新，在很大程度上来自对上一代错误决策的反思。这可以算是国际政治中的"普朗克定律"。物理学家普朗克说过，新的学说能够战胜旧的学说，不是因为相信旧学说的人被说服了，而是因为相信新学说的年轻一代长大了。国际政治的变化规律也是一样的。

但是，我宁愿把未来看得更灰暗一些。在历史上时常能看到，年轻的一代相比上一代更狂热激进，或是更冷漠保守。是的，历史的钟摆终究会摆回来，但会在什么时候，以一种什么样的方式，我们不得而知。

历史的神秘，不是因为太过复杂，而是因为太过幼稚和冲动。

我时常感慨，观察国际关系的时候，博弈论也好，复杂科学也好，都不是顺手的分析工具，对人最有启发的其实是儿童心理学。幼儿园的孩子在一起，今天会说，我不跟你玩了，你们也不要跟他玩。明天就会说，我还是跟你玩吧，但我们不要跟他玩。我们经常会在历史上看到大国间的关系突然转向。比如，在第二次世界大战期间，美苏还是并肩作战的盟友，战争刚刚结束，两国就变成了不共戴天的仇人，说翻脸就翻脸。仔细想想，这也是可以理解的。一国的政治人物在进行决策时，大部分精力都用于计算烦琐的国内政治利益分配，没有精力超脱地思考国际政治全局。这就好比在考试时，把时间都用来做前面的选择题、填空题，后面的思考题既不会做，也没时间做，干脆涂抹两笔，匆匆交卷——反正对总分的影响也不大。

可是，所有这些变数都不能成为我们不做长期战略布局的托词。虽然我们身处全球化低谷，很难想象全球化什么时候会回来，但"飘风不终朝，骤雨不终日"[7]，历史从来就不是线性前进的，而是曲折发展的。你来自一个有着悠久而多灾多难的历史的民族，你的内心深处隐藏着一种充满沧桑感的历史观，你知道盛极而衰、否极泰来，于是，几乎凭借着直觉，你就能敏锐地察觉出天道的轮回。那些看似气势汹汹的势力终将退出历史舞台，而我们却比他们坚持得更久。我们始终没下牌桌，而且手气一把比一把好。

2.6 穿越峡谷

虽然中国经济仍然处在低速增长的过程中，但这只是经济转型时出现的阵痛。这种痛，是不是再忍忍就会过去呢？不是的。我们无法回到过去，所以很多以往的经验都不再管用。可是，也没有必要沮丧，未来还会有新的巨大的风口：新技术革命将改变我们的生产和生活；老龄化将带来很多新的商机；企业出海将改变全球经济的生产格局。这三个风口都要经历颠簸、动荡的过渡期，才会到达新的均衡状态。

新技术革命在过渡期遇到的挑战是技术有突破，但"杀手"级应用尚未出现。投资者容易高估新技术的短期影响力，低估新技术的长期影响力。虽然技术应用尚未全面展开，但投资者已经迫不及待地把钱投了进去。盲目乐观的情绪催生了资产价格泡沫。有了泡沫才能有大规模投资，新技术所需的新型基础设施才能建成。但坏消息是，过早进场的投资者将亏损惨重。

老龄化在过渡期遇到的挑战是"老人潮"兴起。这批消费者很难被捕捉。是的，他们有消费意愿和消费能力，但他们拒绝被贴上"老人"的标签。这会影响广告投放的精准度，也会影响企业的品牌定位。做老年品牌的企业会发现，自己很难直接打动用户的心。这还带来一个问题：在过渡期过度关注作为消费者的老年人，会忽视老龄化社会即将遇到的真正挑战，那就是当"老人潮"到了七八十岁的时候，巨大的养老压力将呼啸而至。

企业出海在过渡期遇到的挑战是进一步恶化且更加复杂的外部环境。美国依然将中国视为主要的竞争对手。特朗普随心所欲的决策风格，以及围绕在他身边的心怀鬼胎的各路人马，会给企业的出海业务带来更多的不确定性。刚刚走出国门，不少企业还不适应当地的情况，难免犯下这样那样的错误。随着越来越多的企业出海，中国的经济地理格局也会发生变化，国内需求可能进一步萎缩，对企业出海的政策也可能会有所调整。

正是由于只有经历过渡期才能到达新的均衡状态，企业需要同时准备短期和长期两套方案。只有短期方案的企业会发现，自己虽然看似游刃有余，最终却会错过新的风口。只关注落脚点的方寸之间，没有看到方向，很容易迷路。只有长期方案的企业会感到焦虑和失望，明明已经看到远方的山，但"望山跑死马"[8]，期待的变化总也不来，而且，由于忽视了眼前的环境，自己在竞争中可能会处于不利地位。

跑过越野跑的朋友都知道，上山的路和下山的路需要的技巧不一样。上山容易下山难。上山靠体能,下山靠技巧。越野新手下山,要么身体过度后倾,导致速度变慢;要么向前冲得太快,不但危险,而且容易受伤。正确的姿势是降低重心,控制节奏,落脚稳健,高频小幅。下山的时候,试试看,把自己的视野打开,一边奔跑,一边快速扫视多条潜在路线,就像滑雪运动员摆动身体通过标杆一样,随时调整脚步,灵巧地绕过障碍物。

最终,你会找到飞翔一样的感觉。

注　释

1　［美］丹尼尔·丹尼特：《达尔文的危险思想：演化与生命的意义》，张鹏瀚、赵庆源译，中信出版集团2023年版。
2　［意］但丁：《神曲 地狱篇》，田德望译，人民文学出版社1997年版。
3　M，指megabyte，缩写为MB，兆字节。这里指存储器的容量为512兆字节。
4　［日］汤之上隆：《失去的制造业：日本制造业的败北》，林曌译，机械工业出版社2015年版。
5　刘家琦：《大国光伏：中国王牌制造业的突围与崛起》，电子工业出版社2024年版。
6　黄思卓：《"AI取代不了保姆"，访天鹅到家创始人陈小华》，载《南方周末》2024年7月15日。
7　引自老子《道德经》。
8　谚语，指明明已经看到了山，可是还要走很长的路才能抵达。

3

从拓荒时代到拾荒时代

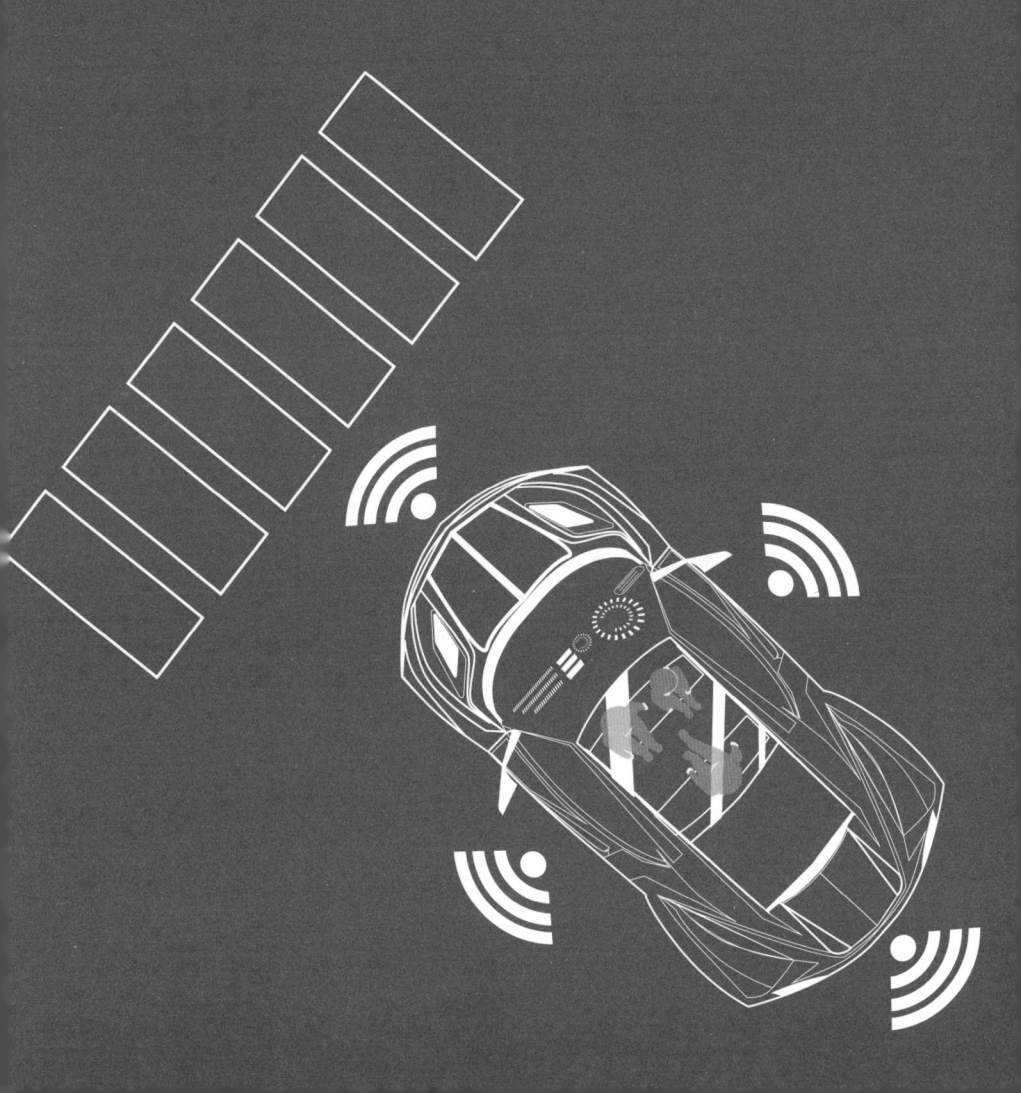

3.1 大萧条时期的孩子

美国经济学家罗伯特·索洛 1924 年出生于美国纽约布鲁克林的一个犹太家庭。大萧条爆发的时候，他只是一个懵懵懂懂的孩子。到他十六岁拿到奖学金，去哈佛大学上学的时候，大萧条的阴影依然存在。进大学两年之后，珍珠港事件爆发，索洛中断学业，投笔从戎。战争期间，他曾跟随部队远赴北非和意大利。这场旷日持久的大萧条，以及紧随其后的第二次世界大战，居然伴随着这一代人长大成人。这是一段名副其实的"历史垃圾时间"。

大萧条时期的孩子中出现了不少有名的经济学家，问起经历，他们都说，是大萧条引发他们去思考经济现象的。上大学期间，索洛听过几门经济学课，但没有留下太深的印象。他对经济学真正产生兴趣，是受到了妻子芭芭拉·刘易斯的影响。"二战"结束之后，索洛退役，并和芭芭拉·刘易斯结婚。芭芭拉当时正在后来并入哈佛大学的拉德克利夫学院学习经济史。索洛问她，你学的经济学有没有用啊？芭芭拉就强烈推荐他去听经济学的课。索洛这才走上了经济学研究的道路。

索洛在经济学上最大的贡献是提出了经济增长模型。诺贝尔经济学奖得主罗伯特·卢卡斯说过,"一旦你开始思考经济增长问题,就很难再去想别的了"[1]。

影响经济增长的因素不计其数,但大体可以分为两类:生产要素和环境因素。经济学把劳动和资本视为现代经济最重要的两种生产要素。想要实现经济增长,还要有一系列环境因素:完善的产权保护能让大家有工作积极性;对外开放可以获得更广阔的市场和更多的外部资金;稳定的政治环境是发展经济的前提条件;一国国民更为团结,才能更加互信,才能支持更多的合作。

这些因素都很重要,但是,如果考虑的因素太多,反而找不到重点。索洛的增长模型大刀阔斧地做了简化。谈到经济增长的时候,我们实际上关心的是人均产出。人均产出更多,人均生活水平才能提高。假设只考虑工人和机器这两种生产要素,想要提高人均产出,就要让每个工人操作的机器更多。可是,机器太多,工人不够用,就会适得其反——工人只会手忙脚乱,就像卓别林在电影《摩登时代》里表演的那样。这就是边际收益递减规律:相对于一种生产要素,无限增加另一种生产要素的数量,并不会导致产量无限增加。

这就引出索洛的一个洞察。他指出,一个国家无论怎么努力,到达均衡状态之后,经济增长率都将趋近于零。可是,就没有别的招数了吗？比如，一个国家提高其储蓄率，会不会带来更高的经济增长率呢？不会。储蓄率提高，更多的资金转化为投资，的确有助于一国在经济发展初期更顺利地实现经济起飞，但好景不长，到了最后，还是机器太多，没有用武之地。再比如，一个国家突然人口增加了，干活的人更多了，会不会带来更高的经济增长率呢？也不会。人口增加，的确总产出会增加，但分蛋糕的人也多了，每个人能分到的那一份未必更多。

明明是一个关于经济增长的模型，却告诉你经济增长最终会消失，真是令人扫兴，难怪人们会把经济学叫作"忧郁的科学"。在经济高速增长时期学习索洛的增长模型，你会觉得它是天方夜谭。这么好的增长势头，怎么可能说没就没了呢？如果到了经济增速放缓时期，再去看索洛模型，你会不由得感叹，原来索洛早已告诉了我们真相：要习惯狂飙时代之后经济增速的放缓。多么痛的领悟。

当然，索洛后来也讲到，要想摆脱经济增长停滞的宿命，只能依靠技术的不断进步。这是因为，技术和资本、劳动不一样，可以不服从于边际收益递减规律。技术在使用时具有非排他性，在获得收益时又具有短暂的垄断性。"非排他性"是指，一个人使用某项技术，并不会妨碍其他人同样使用该技术。这使得技术可以外溢。这就好比自己家里开灯，就算把窗帘都放下来，也挡不住光照到街上。街上的行人借着这微弱的光，就能看到前行的路。

与此同时，技术还得是私有的，比别人早一点拥有新技术，就能获得一定时间的垄断收益。虽然垄断收益不可能永久独占，没有不透风的墙，竞争对手早晚要学会，而且过不了多久，又会有更新的技术替代原有的技术，但只要有一段时间的垄断优势就足够了。

回到索洛模型。假设出现了一种新技术，比如，把锯子改为电锯，把打字机改为电脑，把搜索引擎改为 AI 搜索，每个员工的产出就会提高，总产出因此也会提高。索洛在 1957 年的一篇论文中指出，在 20 世纪前半叶，美国工人人均产出的增长率中大约有 7/8 来自技术进步。[2]

这并不是故事最终的结局。是的，自从工业革命爆发以来，人类社会总体上实现了持续的增长，其中贡献最大的就是创新带来的技术进步。但是，在保持整体增长势头的同时，经济增长依然摆脱不了繁荣和衰退的周期。这是因为技术进步并不是匀速的，在经历了一波高潮之后，就会出现一段低落的调整期。

美国经济学家罗伯特·戈登是悲观派的代表人物，他认为，技术进步的速度已经放慢，未来的经济增速也会受此影响，我们将经历较长时间的低速增长。戈登说，真正的技术革命是发端于 19 世纪末 20 世纪初的那场以电为核心的技术革命，它从根本上改变了我们的生产和生活。我们所熟悉的现代生活方式，其实大多来自这场技术革命：电灯、电话、电梯、冰箱、空调、彩电、飞机、轮船、汽车……算起来，我们熟悉的现代生活方式只有不到一百年的历史。

进入 20 世纪 70 年代之后，人类社会便没有再出现革命性的技术进步。虽然后来出现了电子计算机、互联网和手机，但这些技术只改变了我们生活中的某一部分。戈登坚持认为，电比电子计算机更重要。更糟糕的是，我们未来还将遇到人口老龄化、地缘政治冲突、全球气候变化等挑战。戈登把这些因素称为"顶头风"。世界经济逆风前行，速度会进一步放缓。[3]

我们在体感上已经察觉到了这种变化。人们常把经济高速增长时期称为"增量时代"，把经济低速增长时期称为"存量时代"。据说，在增量时代，人人都能赚钱，但到了存量时代，只有一部分人能赚钱。据说，在增量时代，可以不断地开疆拓土，但到了存量时代，就必须和对手争抢总量不变的市场蛋糕。据说，在增量时代，应该让产品不断升级，因为消费者的购买力在不断提高，但到了存量时代，就只能下沉，而下沉到底层之后，低收入人群只关心价格，所以这将是一场"逐底竞争"，也就是争夺底部的竞争。

这些判断到底对不对呢？存量时代的真相是什么？怎样才能在存量时代生存？

3.2 拾荒时代

有一个行业被美国前总统奥巴马带头称为"3D 打印",听起来很高大上。而这个行业里的专家则坚持把它叫"增材制造",听起来既陌生又平庸。外行探头进来打量了一下,本以为能看到未来世界的炫酷场景,没承想只看见一堆旧设备。嗐,不就是收破烂的吗?

这个行业到底是干什么的?

我们沿着行业专家的思路来解释一下。所谓"制造",无非是用各种原材料,通过不同形式的加工,做出最终的产品。我们过去在生产车间里经常见到的车、铣、钻、磨,都是用刀具从工件上切除多余的材料,最终获得想要的零件。这就像厨师拿着刀,先削土豆皮,再切土豆丁,在加工的过程中肯定要损耗边角料,也就是说,最终产品会比原材料少一部分,这叫"减材制造"。有的时候,我们需要往模具里浇入原材料,或是挤压、拉伸、锻造原材料,就像将一块泥巴捏成不同的形状,材料不多不少,这叫

"等材制造"。

除了减材制造和等材制造，还有增材制造。为什么专家们把 3D 打印叫"增材制造"呢？因为进行 3D 打印的时候，要先依托计算机辅助设计创建物体的三维模型，再把这个三维模型切分成很多二维层，确定每一层的打印路径，最后逐层叠加材料，直接形成复杂的 3D 物体。

什么时候需要增材制造呢？一种情况是生产定制化的产品，这是我们经常看到的 3D 打印应用场景，比如打印义齿、假肢、手办、航空发动机叶片、燃油喷嘴等。另一种情况则是再制造，也就是在产品报废之后，帮助其恢复原有的功能，或是将其改造成新的产品。举个例子。如果我们生产出一个零件，比如齿轮，在使用过程中磕掉了一块，怎么办？扔掉吧，太可惜。是不是能像补牙一样，把磕掉的那部分用新的材料补上？这就是用增材制造的办法，让旧产品获得新生。

听起来好像没有什么令人兴奋的创新。3D 打印这样的高端技术，怎么会用来修修补补呢？我们总觉得创新就是从无到有、破旧立新，很少想到维护和修补。生产效率最高的工厂可以被评为"灯塔工厂"，为同行指明方向。你什么时候听说过干维修的也能上光荣榜？然而，在一件产品从生到死的全生命周期中，维护和修补比生产更重要。一台设备从买进来到最终报废，哪个阶段花的钱最多？采购成本只占 1/3，维修成本则占到 2/3。修的费用比买的费用高得多。维修不仅花钱多，而且难度大。生产一种产品，有图纸，有生产线，有大规模量产的经验，三下五除二就搞定了。如果想把它拆开维修，则要一颗颗螺钉拧下来，一个个零部件取出来，全靠工人的经验。这活儿可不是普通工人干得来的。假如需要请钳工，就得请八级钳工，人家还不乐意干这种脏活累活。

我们很快会发现，拓荒的机会少了，拾荒的机会多了。增量市场少了，存量市场多了。要说体量，存量比增量大，但要说效率，存量大大低于增量。增量是标准化的，存量大多是非标的。增量市场有高度分工，存量业务则仍然靠老师傅。增量的生意是一锤子买卖，存量的生意可以细水长流。增量市场越来越不好做，存量市场还远远没有被唤醒。

那么，怎样才能在存量市场上赚到钱呢？

让我们回到最简单的商业故事。收废品可能是最直观的存量市场业务方式。怎样才能通过收废品赚钱呢？第一，你得知道哪里有旧物。比如哪里有废纸，哪里有玻璃瓶，哪里有旧电器。第二，你要有加工这些旧物的技术，通过加工，让它们更容易被再次利用。比如废品要拆解、清洗、打包，旧家电、旧家具可以维修。第三，你得知道潜在的买家是谁。废纸卖给造纸厂，废金属卖给金属冶炼厂，从倒闭的餐馆回收的灶具，可以转手卖给刚开张的餐馆。这样，你才能实现一个闭环：收进来，再加工，卖出去。

河北沧州的河间市就是从收废品起家，发展出了独具特色的再制造产业集群。著名经济学家林毅夫曾经带领联合国专家和一群大学生到河间市的大店村参观。这个村子有 500 多户人家，其中 400 多户都从事汽车配件回收。20 世纪 80 年代，村里人就骑着自行车到周边的县市收购减震器、离合器等小配件。现在，家家户户都有大车，四处收购电机、马达、压缩机、传动轴等大件。有村民还从广东的炼钢厂"捡漏"，把运到炼钢厂的报废汽车拆零，再用集装箱运回来。

2023 年，中国汽车产销量均超过 3000 万辆。截至 2023 年年底，汽车保有量达到 3.36 亿辆。与此同时，2023 年中国汽车净报废量净增达到 700 多万辆，预计到 2025 年将超过 1000 万辆。这些汽车的起动机和发电机绝大部分还有利用价值，通过拆解、清洗、检测、换装新轴承和新电器元件等再制造过程，生产出的起动机和发电机性能可以媲美原型号新品，而成本可以节省 50%，降低污染排放 80% 以上。

如今，河间再制造汽车起动机和发电机年产量 1400 多万台，占全国市场份额 80% 以上，其中超过 30% 的产品出口欧美、日本、中东等国家和地区，这让河间成为世界最大的汽车发电机、起动机再制造基地。不仅如此，当地的汽车零部件再制造产品已经拓展到变速箱、转向节、离合器压盘、转向机、底盘等十多个种类、上千种规格。

汽车零部件可以翻新，那其他行业的产品呢？河间很快又找到了更多的赛道。每年全球售出的个人电脑多达三亿台。这些电脑的使用寿命在十年以上，但人们大概两三年就会更换一次电脑。个人电脑一样有大量的零部件可以翻新。此外，河间靠近华北油田，石油钻采设备消耗大，也需要以旧换新。如今，河间有大大小小两百多家再制造企业，形成了一个独具特色的地方经济生态系统。

西安也有一家再制造企业——天元智能。这家企业的创始人是王春昌。王春昌曾在陕西煤炭科学研究院工作，1995年"下海"创业。他原本是学地质的，创业之初一直在做表面工程。表面工程就是通过技术处理，让表面变得更耐磨、更防腐、硬度更高。刷漆、喷涂，都是表面工程常干的活。

在和客户打交道的时候，王春昌发现了一个痛点。陕西是机械设备大省，也是矿业大省。煤矿开采时，越来越多地用到液压支架。液压支架就像魁梧的钢铁巨兽，上有顶梁，下有底座，中间是可调节的立柱，至少有三米多高，顶梁展开有四米多长。其工作原理是以液压为动力，还可以实现升降、前移等运动。一排排的液压支架立在矿井里，犹如大力神护卫，能防止顶板和煤壁塌方，保护矿工安全。但是，液压支架造价昂贵，却因为工作条件恶劣，经常出故障。矿山企业就问王春昌："王总，你能不能帮我修好？"

怎样才能修好呢？

王春昌四处求教，还买了很多书钻研。后来，他读到了中国工程院院士、装甲兵工程学院教授徐滨士的《装备再制造工程的理论与技术》。徐滨士是中国第一位提出"再制造"概念的学者。他开发了振动电弧堆焊设备、等离子喷涂技术等，用来修复坦克和飞机的零部件。军委装甲兵领导曾高兴地说："维修也能出战斗力。"原来这活儿叫"再制造"啊。王春昌摸到了门道，找来专家和技术人员，组织大家攻关，掌握了3D金属打印等相关技术。

技术过关了，商业模式还没有跑出来。煤炭企业大多是国有企业，决策要层层审批，慎之又慎。如果设备不能用了，按照规定报废，这相对容易，走个流程就行。但如果设备淘汰后要卖掉，那就麻烦多了。怎么定价？会不会有人说是贱卖，造成国有资产流失？这样犹豫不决，又会造成社会资源无法被充分利用。比如，陕西煤矿更新设备，淘汰了一批老设备，山东的企业正好需要，但由于种种阻滞，供给和需求就是对接不上。

王春昌想了个办法。他和煤炭企业一起成立合资企业，把自己的生产车间朝前挪，挪到煤矿开采的现场，什么设备出了故障，现场进行维修。为了让员工更用心地到现场服务，王春昌带头把自己原来敞亮气派的办公室换成了小隔间。他跟员工说："别总想着坐在沙发上吹空调，业务人员都要到现场去办公。"

成了一家人，决策就容易了。不用坐在谈判桌的两侧唇枪舌剑，而是在会议室里集思广益。商量好了，领导拍板，各部门执行，程序顺畅。成立合资公司，还能让国企领导把账目看得更清楚。设备出了问题，不用斥巨资买新的，在家门口用增材制造工艺修旧如新，能大大节约成本。再制造业务放在合资公司里，并表之后，领导就能看到企业的产值增加了。新的合作机会也不断涌现。如果直接卖旧设备，手续过于复杂，那能不能不卖，改用租赁的方式？所有权不变，但同样能带来可观的收益，资产就这样被盘活了。

这样运营一段时间之后，王春昌又发现了新的问题。遇到重要的大客户，当然可以成立合资公司，但总不能跟每一家客户都成立合资公司吧？那样是管不过来的。过去的思路像是医生出诊，到患者家里看病。怎样才能换个做法，让企业登门找自己呢？

患者为什么要到医院看病？一定是因为医院的专业化程度更高，有更多的医疗设备，有更专业的专科大夫，有更规范的诊疗操作流程。王春昌想了很久，觉得解决思路是把再制造做得更智能化。

掌握了增材制造的技术，算是在一个点上有了突破。从点扩展到线，就要吃透整个工业流程，配齐各种设备，并且不断提高效率。过去是靠人工检测，现在有了各种各样的检测设备。红外光谱可以分析材料的成分，能看出钢铁冶炼过程中有没有掺入杂质。清洗不再是用水洗，而是用激光扫描。激光的高温能除去铁锈。机械臂在旁边整装待命，把运过来的设备一一拆解。工人总是要休息的，而机械臂可以二十四小时工作。掌握的用户数据越多，就像医生看过的疑难杂症越多一样，经验就越丰富。智能制造可以把经验还原成数据，从而可以复制经验、推广经验、提升经验。

再制造生产流程实现智能化之后，就从线扩展到了面，和用户的关系也随之发生改变。在用户的心目中，再制造企业不再是简单的修理站，而是提供系统解决方案的合作方。用户可以把设备的全生命周期管理都托付给再制造企业。要实现这样的转变，需要的人才也和过去不一样。工程师只懂增材制造技术是不够的，还必须懂设备、懂工艺流程、懂人工智能技术。

王春昌手下的工程师向他抱怨，走得太快了，跟不上了。王春昌说，我早就想干这事了，不是太快了，是太慢了。

创业就是这样一浪接着一浪。有了产品创新，就要找到与之匹配的商业模式创新。有了商业模式的创新，会回过头倒逼生产方式的创新。一旦生产方式有了创新，企业的管理模式就要跟着创新。

王春昌说："我要进步，周围的人也要进步，不然就落伍了。"

3.3 空旷的舞台

这几年,我在农村调研时,常常会看到村口有一块平整的场地,场地边上搭起高高的戏台。我问当地的朋友,这个戏台是干吗的?

戏台嘛,当然是唱戏的啊。

可是,农村现在还有人唱戏、有人听戏吗?

郭晓伟告诉我,有的。郭晓伟是个戏迷。不,用他自己的话说,他是个戏痴。

河南省豫剧三团不久前刚去过郭晓伟的老家河南周口沈丘演出,当时四邻八乡都赶了过来,人山人海。还有安徽的戏迷,早上六点天没亮就骑着三轮车上路了,一路导航到了现场。老人坐着轮椅颤颤巍巍地赶来。孩子们在戏台前蹦蹦跳跳,怀里抱着毛绒玩具。剧团这次唱的是现代戏《朝阳沟》。小郭说,农村人更喜欢传统戏,比如《穆桂英挂帅》《花木兰》《秦香莲》《下陈州》,他们觉得现代戏没穿戏服,不好看。但豫剧三团的演员们都是他们心目中的偶像，戏台前围得水泄不通。

这很像小郭记忆中小时候的情形。小郭生在农村，村里隔三岔五就有唱戏的。正月初九办庙会，是玉皇大帝的生日。二月二，龙抬头。二月十九是观音菩萨圣诞日。三月三，生轩辕，传说是黄帝的诞辰。四月十二是庄稼生长的重要日子，"收成好不好，四月十二见分晓"。庙会上不仅唱戏，还卖农具、扫帚、打场用的木锨。天气热了，演员站在台上直出汗，脸上的油彩都花了。等到七月十八，王母娘娘诞辰，又该有戏唱了。九月十五，给女娲娘娘做寿。十月初六，有人说是舜帝的生日，有人说是"送穷日"，又是一场热闹的庙会。

小郭两三岁的时候得了小儿麻痹症，之后走路就一瘸一拐，但这挡不住他每一次都挤到最前面看戏的热情。没人来村里唱戏的时候，他就去别人家蹭电视看。村里只有几台电视机，小郭总是在别人家磨蹭到深更半夜才回家。小郭的妈妈聪慧又善良，跟他说，你这么爱看戏，就要好好读书啊，等考上大学，就能见到这些演员了。

小郭在老家念完高中，考上北京联合大学听力语言康复技术学院，毕业之后直接分配到河南省康复教育研究中心，成了一名辅导聋哑人说话、验配助听器的康复师。但他对戏曲的热爱丝毫不减，利用业余时间去河南电视台的戏曲节目《梨园春》节目组帮忙，最后索性辞了职，到一家做戏曲 App（应用程序）的企业上班。

小郭说，何老师，你说的戏曲衰落，确实发生过。大概从 20

世纪 90 年代开始,来村里唱戏的剧团就少了。有了电视,大家都躲在家里看电视。来村里表演的换成了杂技团、马戏团,还有来演脱衣舞的,后来被国家整治了。但这几年,戏曲又慢慢恢复了。电视台有戏曲栏目,甚至戏曲频道。《梨园春》高峰期的收视率超过了同期央视的《正大综艺》节目和后来湖南电视台推出的选秀节目《超级女声》和《快乐男声》。农村人富了,又把戏班子请回来了。红白喜事要唱戏,孩子考上大学要唱戏,老人过寿要唱戏。农村人请的不全是过去的草台班子,甚至还有高大上的梨园春艺术团,里面可是有很多老艺术家的。请这些老艺术家演出的费用很高,可是在豫北、豫西这种富裕的地方,请剧团演出,一演就是好几天,真是有钱。

有意思的是,喜欢戏曲的年轻人也比原来多了,这也是一种奇特的现象。戏曲对老年人来说是传统,对年轻人来说是新潮,他们发现了自己从未了解过的东西。年轻一代有着更强大的文化自信,他们热捧故宫文玩,穿着汉服上街,也逐渐对戏曲着迷。张淇、萧敬腾等流行歌手演唱的《武家坡 2021》,各平台播放量累计数亿。"国民老公"陈丽君和搭档李云霄主演的越剧《新龙门客栈》一票难求,两百块钱的门票被炒到两三千元。无数年轻人涌入越剧院,感受越剧艺术的魅力。戏腔歌曲出圈的越来越多,在 QQ 音乐中搜索"戏腔古风歌曲",居然有不少工作室专门制作此类音乐,俨然成了一种新的音乐品类。这个品类的排行榜上有无数新歌:《典狱司》《长安姑娘》《辞·九门回忆》《牵丝戏》《红昭愿》《苏幕遮》……游戏正在成为戏曲传播的重要阵地。京剧演员王佩瑜演唱的《游山恋》是《梦幻西游》电脑版游戏主题曲之一,女高音歌唱家谭晶演唱的戏歌《赤伶》融合了京剧和昆曲唱腔,是武侠网游《逆水寒》的戏曲玩法推广曲。小郭说,老年戏迷喜欢原汁原味的,熟悉的戏百听不厌;年轻戏迷喜欢原创的、没听过的,他们觉得新奇好玩。

时代的潮流有起有伏,人的命运也要跟着浮沉。唱曲剧的张晓英从来没想过自己有一天能火遍全国。张晓英的父母都是河北省邢台市豫剧团的演员。她从小就跟着父母一起到处登台,一岁时就会跟着曲子打板,七八岁时就会唱好几段曲子。

父母深知从艺不易,不想让她走这条路。上中学的时候,张晓英想要退学去唱戏,她妈妈气得拿着棍子撵得她满街跑。拗不过倔强的女儿,张晓英的父母终于松口答应了女儿的要求。之后张晓英进了河南省许昌戏曲学校。1989 年毕业后,张晓英进入禹州市豫剧团,每月工资七八十元。那是曲艺界最惨淡的时候,很多剧团发不出工资,甚至被迫解散。生计所迫,张晓英辞职去了郑州,在茶楼里唱戏,也参加响器班(即唢呐班、鼓乐班)到农村演出。就这么在江湖上晃荡了十多年,张晓英闯出了名堂,上电视节目的次数也多了。2005 年,她作为特殊引进人才,通过入团考试,正式加入河南省曲剧团。新冠疫情期间，没办法参加线下演出，为了练嗓子，也为了补贴家用，张晓英开始在抖音直播间唱戏。

2022 年，一个偶然的机会改变了张晓英的命运。张艺谋导演筹拍电影《满江红》，韩红负责电影的音乐制作。因为故事发生在河南，韩红就想找一些有地方特色的音乐。在一位导演的推荐下，张晓英获得了《满江红》插曲的试唱机会。韩红很喜欢张晓英雄浑、辽阔的唱腔，磨合一两个月后，便邀请她去北京录制。在电影里，张晓英演唱了《探阴山》《包公辞朝》《包青天》《下陈州》等七个唱段。电影中的插曲融合了传统戏曲和电子音乐，节奏飞快，气势磅礴，让很多观众走出电影院仍觉得余音绕梁，"第一声就冲到天灵盖了"。

在从艺四十年、成为抖音戏曲主播三年之后，张晓英终于被看见了。她从一个小众曲剧演员变成了大众明星，收获了三百五十多万抖音粉丝，活跃于多个综艺节目。

张晓英的成功在很大程度上是靠电影这一主流艺术的提携，而麦田乡音的走红则完全是靠民间的力量。麦田乡音工作室的成员是河南省郏县茨芭镇齐村的一家八口人。父亲齐学文年近九旬，母亲也已经快八十岁了。四十多岁的儿子齐选杰是台柱子，一个人扮演了编剧、导演、摄像、制作、发布等多个角色。

齐学文不是科班出身。他从小受到村里浓厚的曲剧文化氛围熏陶，是在演出中自己学出来的。站在舞台上看起来很风光，但在世俗眼光看来，唱戏的跟要饭的一样，都是下等人。为了混口饭吃，齐学文跟随村里的曲剧团奔波在正阳、潢川、光山、平舆、新蔡、上蔡等地演出，把河南、河北、安徽等省份的几乎每个县、每个村子都走了一遍。齐家的孩子们在剧团里长大，耳濡目染，从小就会唱戏。齐选杰三岁登台暖场，六岁就独自上街卖艺。不过，他从小就讨厌唱戏。看到爸妈唱戏那么辛苦，不赚钱，而且社会地位低，齐选杰希望自己这一辈子都不要再唱戏。

1998年，齐选杰进入南阳艺术学校学习声乐。毕业后，他跟随民间歌舞团走南闯北演出。2004年起，他在北京、上海、西安等地的夜总会当专职歌手。2014年，他开始参加一些选秀节目，比如中央电视台综艺频道的《向幸福出发》、浙江卫视的《中国梦想秀》等，受到人们的关注。之后，齐选杰被福建一家传媒公司聘请为微电影导演。看起来，齐选杰要走上一条和唱戏越来越远的职业道路了。

2019年出了一个意外，年迈的齐学文在家不慎摔伤。孝顺的齐选杰放弃在外的事业，从福建回到齐村。赶上新冠疫情不能出村，齐选杰和家人闲来无事，就自娱自乐地唱起戏来，并制作了短视频发布在抖音上。"一开始是我拉胡琴，爸爸唱戏，没想到一唱就火了。二十天的时间，就涨了十多万粉丝。"是互联网的力量如此强大吗？并非完全如此。其实，是父母们的粉丝又回来了。

观众一直都在，只是互联网又把他们找回来了。

但之后新的粉丝越来越多，则是因为齐选杰一家总有新活儿。他们拍摄了一百多部戏曲短剧，像《孝道》《麦苗青青》《麦浪的婚事》《蜕变》等，讲的都是农村人的生活，比如"孩子外出打工，家里老人没人照顾"，很接地气，特别受欢迎。每天晚上在直播间里，齐选杰一家人的精彩演唱都会受到粉丝的追捧和打赏。不到十个月，他们仅通过粉丝打赏就收入三十多万元。

并不是所有的人都能赶上潮流，就像不是所有的水滴都能流进大海。

戏曲复兴的机会来了。老戏迷都还在，有了手机和短视频，他们听戏更方便了。有的老人原本不爱听戏，退休之后去公园里一转，跟着别人，不知不觉就被发展成了新的票友。各地的票友交流信息更方便了。戏曲圈里的网红不一定非得是专业演员，很多都是业余的票友。

年轻人喜欢新鲜事物，这就给想创新戏曲的艺术家提供了机会。广东粤剧院推出了一部名为《决战天策府》的新编粤剧——用的是粤剧的唱腔，但故事和人物造型都取材于3D武侠网游《剑网3》（全称《剑侠情缘网络版叁》），表演的时候还会像拍武打片一样吊威亚。这算什么粤剧啊？很多人都批评。可是，这部戏在全国演出时，场场爆满，来的都是年轻人。他们甚至连粤语都听不懂，一样过来热情地捧场。

然而，依然有很多戏曲圈的人在困惑和苦恼中挣扎。各地都有曲艺团，政府对曲艺的扶持力度不可谓不大。国家对戏曲演出有补贴，这个补贴是很多体制内剧团，甚至民营剧团的重要收入来源之一。过去几年，国家也在通过非遗项目、数字化工程等方式进行戏曲的留档。遗憾的是，这个行业似乎越扶持越萎缩，逐渐丧失了满足戏迷们不断增长、不断变化的需求的能力。

我在调研中碰到一个姑娘，就叫她小赵吧。小赵天资聪颖，从小就登台演出，是个童星，现在已经出落成亭亭玉立的大姑娘，长相甜美，嗓音纯正，正是风华正茂的好时候，但小赵却越来越迷茫。她在一家跟戏曲文化有关的事业单位上班，基本工资不到两千元，全靠演出补贴。小赵也想去市场上闯荡一番，业余时间尝试过直播和商演，但又不敢放弃有编制的工作，患得患失，做得并不成功。像她这样的年轻人很多。郑州有十多个有事业编制的剧团，平均一个剧团有一百多人。在这些剧团里面，有 30% 的人是没有编制的临时工，这部分人大都是刚刚毕业的年轻人，基本工资很低，一个月一千五百元。有演出的话能拿补贴，没有演出就天天混日子。那他们干吗还要继续留在这里呢？他们在等编制。可悲的是，这几年编制越来越少，年轻人的希望越来越渺茫。他们每一天都盼望着获得编制，也在日复一日的等待中无数次产生离开的念头。

就这样，我们常常会和时代的潮流擦肩而过，失之交臂。

3.4 差点把市场搞丢了

我在《变量1》里写过极飞,这是一家位于广州的无人机公司。刚认识的时候,极飞的朋友问我,何老师,想不想到我们公司看看啊?我说,当然想啊。他们说,但你要做好心理准备,我们要带你去的地方有点远。我心里想,你一家在广州的公司,再远能远到哪里?韶关?云浮?

没想到,他们一下子把我拉到了新疆。

新疆的辽阔超出了人们的想象。极飞带我去的巴音郭楞蒙古自治州,总面积达47.15万平方公里,是中国面积最大的地级行政区之一,比两个广东省加在一起还要大。在这片广袤的大地上,极飞发现了无人机在农业中的应用场景,他们用无人机给棉田打药。借由这个小切口,极飞找到了一个具有无限想象力的新天地。无人机行业的发展速度很快,已经形成了一个千亿级的市场。可是,农业的规模远远超过无人机行业,这是一个万亿级的市场。尝到了甜头之后,极飞不再自称无人机公司,改称自己是一家农业科技公司。在被人忽视的边缘地带，最容易找到新技术的应用场景。

如今，极飞又有什么新的创意？

无人机还是极飞的主打产品，占其总销量的 80%。当年，我在新疆看到的极飞无人机是 P30，能装十五公斤农药，一台要卖四五万元。2024 年，极飞推出的 P150 可以装八十公斤农药，一台还是卖四五万元。当年，我在新疆看到的无人机只能在棉田打药，如今，无人机能做的事情更多了。无人机在荒漠里撒草籽，荒漠变成了绿洲。无人机可以做土地测绘，还可以做空中运输，比如在东北吊秧盘[4]，或是从山区里把刚摘的香蕉运出来。喷洒、播种、测绘、运输，一架飞机就能完成。农民买回去以后，一年四季都能用。当年，无人机售价高，农民买不起，所以诞生了一批飞手。有些飞手是过去在小县城的影楼拍照、玩过航拍的年轻人。到农忙时，他们挨家挨户帮着农民打药。如今，买无人机的主要是家庭农场。中国有将近四百万个家庭农场，一户人家经营几十亩到几百亩不等的农田。这些家庭农场不仅买了无人机，还购置了插秧机、小型拖拉机等，都是专业化种植。家庭农场有钱买无人机，无人机能让它们赚更多的钱。未来，这些家庭农场将是中国农业的基本盘。

农业科技可以做的创新不只是无人机。无人机主要是在农田打药，帮助农民拔草、除虫。不过，拔草、除虫虽然很辛苦，但只占农业投入的10%～15%，管好水、管好肥，才是最重要的。仅肥料一项，就占农业总投入的50%以上。极飞在新疆做了一块试验田，这个项目叫"超级棉田"。他们找了三个小伙子来管两千亩棉田。当地的棉农都说，这不可能，至少得三十个人才管得过来。为什么两个"90后"小伙子就能管理两千亩棉田呢？因为极飞对农田的灌溉系统做了升级。过去，农民要下到田里用手去拧水阀，现在坐在屋里遥控就行。中国已经有四五百个农场在使用这套水肥一体化的自动灌溉系统。极飞还把这套产品卖到了沙特阿拉伯。未来，随着农业劳动力减少，加上气候变化越来越不确定，这套能自动施肥浇水的灌溉系统会有更大的市场。极飞预计，这将是他们未来销量最大的产品。

我最感兴趣的是极飞正在做的自动驾驶。我调研过做自动驾驶的企业。行业里的专家都说，当前距离真正意义上的自动驾驶，也就是全靠机器不靠人的L4（高度自动驾驶）和L5（完全自动驾驶）级别，还非常遥远。其中遇到的技术上的难题，以及法律、伦理、舆论等方面的难题，在短时间内几乎找不到答案。

但极飞做自动驾驶的思路另辟蹊径，极飞在做拖拉机的自动驾驶。中国有四百多万辆大中型拖拉机，两千多万辆小型、小微型拖拉机。有拖拉机就有拖拉机手，中国有将近三千万名拖拉机手，和卡车司机的数量不相上下。但拖拉机手和卡车司机的工作方式很不一样。卡车司机一年到头在外跑运输，他们会在运满满、货车宝等 App 上接活，争取每一趟往返都不空车。拖拉机手只在农忙时有活儿，农闲时都在做别的工作。农忙的时候，农民都要去抢熟练的拖拉机手。他要是能来，这一年的收成就有保障。他要是没空，来了一个新手，活儿做得不细致，开沟开得不直或者深度不够，种子种下去一定会影响产量。对农民来说，请拖拉机手就像开盲盒，全凭运气。

即便如此，对农民来说，本地只要还有拖拉机手就很不错了。拖拉机手的年龄普遍都在五六十岁，年轻一点的农村人宁愿进城开滴滴、送外卖，也不愿意开拖拉机。为什么？因为这活儿太累了。

极飞让他们的产品经理和研发工程师都去开拖拉机。有人去开开沟机，有人去开收割机，有人去开耕地机，有人去开插秧机。大家叫苦连天：这东西太无聊了。考一个拖拉机驾驶证并不难，但开上两天，就能让你怀疑人生。拖拉机在农田里速度太慢，晃晃悠悠，慢到让人想打瞌睡，却要强打精神，不能睡过去。有的拖拉机有驾驶舱，但没有空调，舱门关上，热得像蒸笼，打开舱门，田里尘土飞扬，鼻孔里一坨黑泥。很多拖拉机没有座椅减震，你得用双手拼命攥住方向盘，一天下来，手上磨出了血泡。大家都说，这不行，我们必须搞拖拉机自动驾驶！

怎么做呢？生产自动驾驶拖拉机吗？难度太大了。且不说怎么把这一坨铁疙瘩生产出来，就算生产出来，卖给谁呢？让农民把原来的拖拉机扔掉，买一台价格贵得多，还不一定会用的新拖拉机？门儿都没有。

要解决这个问题，最好的方法不是破旧立新，而是变旧为新。极飞的办法是给拖拉机装一个自动驾驶仪，装在方向盘上，就可以解放司机的双手。

可是，自动驾驶仪市场已经拥挤不堪。这个市场上的主导品牌是美国的天宝，日本的井关、久保田等，产品都是十几万元一台。国内的产品便宜一些，但也要六七万元一台。极飞开始琢磨，能不能让价格更低呢？

极飞发现，传统的自动驾驶仪都要配一块硕大的屏幕。这块屏幕价格贵，占地方，还不能升级。每个人兜里都有一部手机，把自动驾驶仪连上手机，用手机操控，不是更方便吗？他们去问经销商。经销商说，你卖自动驾驶仪，连个屏幕都没有，就像人没有脸一样，怎么卖得出去？他们又去问农民。农民说，我才不想要那个屏幕呢。拖拉机大部分时间都停在车库里，屏幕上落了厚厚一层灰。等到用拖拉机的时候，开出去在阳光下工作，毒辣的太阳把屏幕都晒坏了。

拿掉这块屏幕，极飞的自动驾驶仪就简单多了。做一个方向盘，再做一个电机装在拖拉机里，拿着手机就能控制。所有的信息都存储在手机里，而手机的性能每年都在提升，一下子就把成本砍下去了。极飞开发的自动驾驶仪现在最低只卖四千五百元，远远低于竞争对手的价格，一下子卖爆了。

可是，当我看到这款自动驾驶仪时，我都不太敢相信它是极飞的产品。它的样子太简陋了。

极飞是一家有着极客基因的公司。两位创始人，彭斌和龚槚钦，都是狂热的技术发烧友。他们的梦想是在火星上种土豆。极飞的员工把这种梦想家气质体现在日常工作的每一个细节中。比如，极飞广州总部的厕所里，小便池旁边写着：请计算好发射轨道。洗手池旁边写着：保持干燥，防止外星微生物入侵。二楼楼梯边的走廊墙上，挂着极飞无人机炸机后留下的各种残骸。这是极飞的"哭墙"，每个员工走过这里时都会悚然一惊。

在我的印象里，极飞是一家死磕产品和技术的硬核企业，在质量和工艺上一向追求极致。他们怎么会搞出这种"土不拉几"的东西？

极飞变了。市场在变，用户在变，极飞就要跟着变。

早年，极飞的用户也是极客，主要是那些玩航拍的年轻人，所以用户和企业惺惺惜惺惺。极飞说，我们要用碳纤维和航空铝。极客用户说，对，飞机就是这么造的。极飞说，我们在生产中借鉴了法拉利的工艺，采用了流线型设计。极客用户说，酷。后来，极飞的用户变了，从极客变成了大众。买无人机的都是农民，他们可没心情去欣赏什么流线型的设计、跑车级的生产工艺。在他们看来,无人机和拖拉机是一样的。有的用户把无人机买回去,老是出问题,飞着飞着突然坠落,或者改变航线撞到了电线杆上。农民跑来跟极飞抱怨,极飞说,是你们装农药装得太多了。听到这样的解释,农民并不买账,反而会质问:为什么手扶拖拉机多坐几个人照样开,你的无人机就不能多装一点农药?

原来问题出在这里。极飞并不是不努力,但过去的努力方向错了。想要服务好大众市场,就要有脱胎换骨的转变。什么才是好的产品设计?不是要让自己觉得炫酷,而是要让用户感到舒服。过去,极飞总觉得无人机是飞机,自然要用航天材料来造。极飞的飞机是一体化机身框架,恨不得用一根碳纤维一次成型。好看是好看,但农民会觉得很陌生。这就好比家里买了一台扫地机器人,好用是好用,但要是坏了,你就会一筹莫展,不知道该怎么修。不像家里原来用的扫帚,就算坏了,你也不着急,因为你知道,找根铁丝或绳子把它扎起来,就能接着用。没有什么产品是零缺陷的,但为什么农民对无人机的意见这么大呢?因为一旦坏了,农民不知道该怎么修。要是拿到维修站去修,费时费钱,太麻烦了。

怎么解决这个问题?极飞把无人机拆成不同的模块。一个模块坏了,直接换掉就能接着用。极飞把无人机的材料换成了农民最熟悉的。一节一节的铝合金,还有一节一节的注塑件,皮实、耐用、便宜。想要更换材料,手边就有。去五金店截一根 PVC

（聚氯乙烯）管，套在无人机上，无人机就又能起飞了。这让农民感到很踏实，就像在田里摆弄手扶拖拉机，出了毛病，拿榔头敲两下可能就好了。无人机再出故障，农民马上就会想办法自己修，修好了接着干活，忙得不亦乐乎，哪里还顾得上"骂娘"。

虽然思路变了，但极飞追求极致的风格并没有变。极飞会认真琢磨每一个细节。比如，极飞把无人机的螺钉都露在外面。这也太难看了吧？极客科技追求的都是隐藏美学，产品设计要简洁到极致才有高级感，但极飞说，我们就是要让用户所见即所得，不看说明书就知道该拧哪根螺钉。

通过不懈的努力，极飞终于成功地把无人机做成了拖拉机，又把拖拉机进化成了无人机。

3.5 对存量市场的误解

我们讲了三个案例,通过这三个案例,能看出人们对存量市场有很多误解。

第一个误解是创新。你可能以为创新者都是破旧立新,打破旧世界才能创造新世界,但这样的创新注定是走不远的。创新的真正困难之处,是要用旧教堂的砖去盖新教堂。在建造过程中,教堂里的弥撒不能受到影响,但新教堂必须准时完工,而且要比旧教堂更大、更气派。只懂破坏的新技术,将激发尖锐的社会矛盾,给自己制造阻力,很多新技术正是因此才胎死腹中。

凡有增量,必有存量。每当我们创造出一种新的事物,便有了维护它的责任,否则,这些事物就会逐渐坏掉,而建立在它们之上的社会也会随之崩溃。我们在经济高速增长时期修建了道路、桥梁、堤坝,如果没有及时进行维护,道路将变得坑坑洼洼,桥梁可能突然断裂,大坝或许骤然坍塌。我们在追逐财富的年代兴建了无数楼房,如果没有人住,没有人把它们变成自己的家,那些空荡荡的楼房就会变成瘆人的鬼怪幽灵。我们在年轻的时候曾经拥有健康的身体，如果不去维护，各种疼痛和疾病就会像夜幕降临之后的蝙蝠一样突然出现。

这都是简单的常识，却总是被人忽视。李·文塞尔和安德鲁·L.罗塞尔在《创新者的迷思》这本书中讲到，维护和创新同等重要。[5]我们需要创新，是为了让生活更美好，而不是为了颠覆生活。在遇到新冠疫情这样的冲击之后，我们想要的是"回归正常"，没有谁会因为生活被破坏而开心。没有妥当的维护，已有的创新很快就会败落，风险和灾难将在废墟中升起。书中讲到，一个美国工程师在意大利南部看到，工人们在搬开巨石，修理道路下面的管道。这位工程师不由得感慨，在美国修路快多了，但一条路也许只能用二十年，而那条精心维护的石头路，从公元400年就开始存在了。

第二个误解是机会。你可能觉得存量时代的机会更少了，其实，存量很可能只是还没有被发现的增量。

以民间戏曲为例。在这个圈子里，你会发现一些深藏不露的网红，粉丝量可能有数百万。但是，如果不是对戏曲情有独钟，你在平时接触的互联网世界里，几乎从来没有见过他们的影子。这是因为，这些戏曲网红没有一个正儿八经做过投流，他们的粉丝都是自己聚过来的，不是买过来的。既然有这么雄厚的群众基础，做直播带货，或者做电商不好吗？当然有做的，但这里依然是一个被遗忘的角落。这些网红对互联网并不熟悉，他们虽然都用抖音，但大多不会用电子邮件。齐选杰算是他们中头脑很灵光的，他会在直播间带货，卖本地的土特产，还卖一款老人鞋，但他带的货不是正牌鞋，而是仿冒品，而且是从二、三级经销商那里拿的货。仿冒品的价格不比正牌便宜，直接给正牌带货不好吗？齐选杰还没有考虑过。他对自己的商业价值显然评价不高，觉得代言正牌是高攀了。外面热火朝天的直播大战、供应链管理，在齐选杰的圈子看来，仿佛是遥远的另一个世界。

或许，这和中国企业的思维误区有关。中国企业大多一心想做高端品牌，觉得高端才是成功的标志。高端品牌意味着更先进的技术、更高的价格、更丰厚的利润。它们当然也知道中低收入者的市场人口基数更大，但一旦进入这个市场，企业就要开启疯狂降价促销的模式，仿佛除了价格，和这个市场上的用户不需要有任何交流和沟通。互联网企业喜欢把这个市场称为"下沉市场"。这种说法透露出一种上等人的势利与傲慢。可是，情况已经出现了变化。一线城市的增速反而不如二、三线城市，大众市场开始发力了。城市中产心心念念的山姆店，已经成为县城百姓的新宠。在许昌起家的胖东来，要到武汉给中百仓储指导工作。大城市里的奶茶店一家家倒闭了，小城里的奶茶店依然火爆。咖啡馆不再是大城市青年独享的第三空间，县城里的咖啡馆越来越多。不同的是，大城市的咖啡馆里坐的是打开电脑忙着赶工做 PPT

（演示文稿）的年轻人，小县城的咖啡馆里坐的是四目对视、脉脉含情的谈恋爱的年轻人。

产品有高端、低端之分，但品牌并无贵贱之别。做高档品牌不易，做大众品牌更难。大众品牌并非技不如人，只是追求的目标不同而已。并不是说高端的技术和高端的管理水平只能生产出高端产品。恰恰相反，想要生产出物美价廉的产品，同样需要高端的技术和高端的管理水平。

一位在美国加利福尼亚州葡萄酒产地纳帕谷教品酒的教授讲过一个故事。他每年上课的时候都会给学员做一个现场小测验。教授拿出十几种不同的葡萄酒，跟学生说这都是各地的好酒，让学生品鉴。品鉴完之后，教授会让学生投票选出他们心目中最好喝的葡萄酒。教授没有说实话的是，这些酒里有的是价格昂贵的高端酒，有的是价格低廉的大众酒。为什么不告诉学生价格呢？价格会产生误导。人们总是觉得越贵的东西越好。有趣的是，在学生最终的评比中，排名最高的竟是价格便宜的大众酒。教授每年都做这个测验，每年的结果都一样。那是不是说这些学生对葡萄酒的鉴赏水平太差？不是，他们都是行业里的高手，有人是酿酒的，有人是开酒吧的，也有人是品酒师。他们对葡萄酒的知识和鉴赏力远超一般水平。

那为什么会有这样的结果呢？教授揭开了谜底。高端酒用的是最好的原料、最好的设备、最好的工艺，所以追求的是把产品做到极致——每种高端葡萄酒都个性鲜明。这就带来了一个问题：喜欢的人特别喜欢，不喜欢的人特别不喜欢。在每个学员的评分表上，排在第一的都是高端酒，排在倒数第一的也都是高端酒。相反，大众酒不追求极致，而追求全面，每个顾客都不能得罪。不能太甜，也不能太干，磨掉所有的棱角，在每一个维度上都恰好满足大部分人的口味。所以，在学员的评分表上，排在第二、第三的都是大众酒。这样一来，要是算总分，自然是大众酒的分数最高。[6]

所以，生产出大众产品的企业也是高手。可以预见，在存量时代，创新能力更强、发展潜力更大的，很可能是一批看清了方向的大众品牌。

第三个误解是竞争。你可能会觉得，存量时代的竞争就是你死我活。都是过来抢蛋糕的，就别互相客气了。是的，这是存量市场的一大特点。利益盘根错节，关系错综复杂，你的一举一动都会影响周边的人。你动别人也动，别人动你也得动。但这恰好意味着，只有善于处理周边关系，才能做好存量业务。存量时代，大家就像一群挤在一起抱团取暖的猴子，你不能只让别人给你挪窝，你给别人挠痒，别人也会给你挠痒。

极飞的案例告诉我们，为用户赋能的产品才能得到广泛应用。同样是做自动驾驶，百度在武汉推出了萝卜快跑，虽然只是试点，却引起极大关注。出租车司机们不乐意了：这不是抢我们的生意吗？一时间，舆论沸沸扬扬。可是，极飞的自动驾驶为什么没有遭到抵制呢？拖拉机手欢迎自动驾驶仪。有了自动驾驶仪，拖拉机手省心多了，想抽支烟就抽支烟，想伸个懒腰就伸个懒腰。按照自动驾驶仪规划的最优路线走，拖拉机手的工作效率更高，耕的地比原来更多，收入也就更高了。农民也欢迎自动驾驶仪，因为有了自动驾驶仪，耕地的质量就有了保证。只要拖拉机手有证，谁来开都行，都能叫人放心。

在存量时代，重要的不仅仅是学会和别人更好地合作与共存，还有一点很重要，那就是找到自己的边界。每个企业都有其边界，超过了边界，就会面临更多的不确定性。所以，企业必须学会只赚自己分内的钱。

但是，这并不是一件容易做到的事情。这意味着企业需要拒绝极大的诱惑。可是，哪个企业不想做大？看到现成的机会，谁会不想紧紧抓住？2018年，极飞就遇到了一次灵魂拷问。在新疆用无人机打药的时候，他们突然发现，不知不觉中，极飞已经成了在新疆销售脱叶剂最多的企业。卖无人机赚钱很难，卖农药赚钱很容易。极飞就想，那我们为什么不卖农药呢？比如，极飞可以把无人机作为入口，搜集数据，建立一个农药销售的线上平台。再一想，这样做的好处可不少呢。卖农药还能给农民提供融资服务。卖完农药，再帮着农民打药，还能根据搜集的数据预测棉花的收成、农产品的价格波动。这真是一个赚大钱的绝好机会。

极飞的两个创始人彭斌和龚槚钦讨论了很久，等到激动的心情平复之后，他们一致觉得，这不是极飞能做的事。一旦要做平台，思路就完全变了。你不再是做产品，而是拉关系；不再是创造价值，而是争夺利益分配；不再是为农民提供更优质的产品，而是想方设法搜集农民的数据，再把数据卖掉。彭斌和龚槚钦最后认定：我们不做外卖平台，而要做外卖小哥，接完一单再做下一单，做一单挣一单的钱，这样心里才踏实。

如果没有这样的边界感，极飞前期扩张的速度一定会很快，但丢掉根据地的速度会更快。边界不是对企业的限制，反而能给企业带来安全感。在增量时代，很多企业都像凶猛的动物，狼奔豕突，寻找猎物，只要闻到一点点腥味，就会凑过来一大群。在存量时代，越来越多的企业变得更像植物，把根扎进地里，坚守脚下的土壤，只有这样，才能向上生长。

注　释

1　Robert E. Lucas Jr., On the Mechanics of Economic Development, *Journal of Monetary Economics* 22 (1988), pp. 3–42.
2　Robert M. Solow, Technical Change and the Aggregate Production Function, *The Review of Economics and Statistics* 39 (1957), pp. 312–320.
3　［美］罗伯特·戈登：《美国增长的起落》，张林山、刘现伟等译，银温泉校，中信出版集团2018年版。
4　指水稻育秧盘。
5　［美］李·文塞尔、［美］安德鲁·L. 罗塞尔：《创新者的迷思：硅谷式经济的代价》，吴滨、李杭航等译，机械工业出版社2022年版。
6　Paul Wagner, *The Instant Sommerlier: Choosing Your Best Wine*, The Great Courses, 2019.

4

怎样实现文化逆袭

4.1 下沉

迪恩·伯恩斯是北美影视行业的一名老兵，写过二十多部剧本，编审过数百部剧本。2014 年，他来到中国执教，现在是上海温哥华电影学院的教学副院长。最近一段时间，迪恩突然发现很多年轻的同事不见踪影了。这些年轻人都去哪儿了？一打听，原来他们都去拍短剧了。

短剧？什么是短剧？

短剧当然很短。传统的电视剧一集四十五分钟，有些网剧一集只有十几分钟，但在真正的短剧玩家看来，这还不够短。一集一两分钟，甚至几十秒，才叫短。短剧不仅是短的，还是竖的。传统的电影和电视剧都是横着拍，这样才符合人的视觉习惯。而短剧是竖着拍，很明显，这是为了方便人们在手机上看。手机上的网民才是最容易上瘾的网民。2012 年，智能手机的出货量超过了非智能手机。4G、5G[1] 网络普及之后，在手机上也能看视频了。如今，中国已经有超过十亿网民。新冠疫情之后，就连老年人都学会了用手机上网。

看短剧的人不会在意别人怎么看自己，在意别人怎么看自己的人十有八九不会去看短剧——看了也不会承认。为什么很多自认为有文化的人都瞧不起短剧呢？因为他们觉得短剧太低俗。听听这些名字：《顶级豪门总裁成了我的金丝雀》《我在八零年代当后妈》《裴总每天都想父凭子贵》《命中注定快发财》《九爷的小玫瑰又野又撩》《原谅他99次》《入夜对她上瘾》……这都什么玩意儿？！很多短剧题材雷同、制作粗糙、表演拙劣、情节漏洞百出、内容抄来抄去，浑身带着铜臭味，不就是工业产线上生产出来的一堆垃圾吗？

即便如此，短剧真的有人看，看的人还真不少。2022年之后，短剧横空出世，铺天盖地。都说在经济低速增长时期，人们会消费更多的娱乐产品，但电影行业并不景气。中国电影行业的票房收入在2010年突破百亿元，之后逐年攀升，到2019年达到642亿元。疫情之后，中国电影行业经历了断崖式的下跌和缓慢的复苏，至今仍未恢复到疫情前的水平。网剧一样在下滑。2020年之前，网剧一飞冲天，收入由2016年的32亿元大幅增至2020年的168亿元，但之后就风光不再。综艺节目也不好做了。综艺节目最好的时光定格在2017年，这一年，这个行业的收入达到450亿元，随后日子就越来越难过。广告商变得更精明了，他们发现，与其拿5000万元赞助一档综艺节目，不如把钱给直播带货的主播。李佳琦一声吆喝，说不定就能帮着赚回5个亿。其他行业都不行，愈发衬托出短剧的上升势头。2023年，短剧市场的规模已经达到400亿元，照这个趋势，超过电影行业指日可待。

短剧是怎么突然火爆起来的？

一开始是民间的自发创作。2016年前后，在抖音上，有一种剧情号开始流行。比如，一个小伙儿拍自己去泰国旅游，不像其他博主那样只介绍景点和美食，而是拍自己找了个泰国女朋友，拍两个人每天的日常生活，有人物，有情节，很容易抓住流量和大众的情绪。不少人开始跟风：原来还可以这样玩啊！

之后，便是资本的介入。资本促生的短剧分两种。一种叫信息流广告，也就是有剧情的广告。曾经有一个很有争议的广告：一名农民工坐飞机，遭到了空姐的白眼，因为他一看就不像有钱人。农民工拿出手机，瞬间就在一家网络贷款平台上借到了钱，空姐的态度立马改变。这个广告带有短剧的两个特点：一是爽，有反转，马上让瞧不起你的人被打脸；二是背后有做广告的公司投流，即制作方通过付费购买流量，获得自动算法之外的推送，这样才会有更多的观众。

资本促生的另一种短剧最初也是广告，就是网络小说网站做的广告。网络小说网站和拍电影、电视剧的不一样。拍电视剧的要先说服平台播放，拍电影的要先说服电影院播放，才有机会让观众看到作品，所以他们先to B（面向企业），然后才to C（面向用户）。网络小说没有中间人，直接面对读者。为了吸引读者，有些网络小说网站会把小说第一章、第二章的内容拍成短剧，当作钩子。观众上钩之后，欲罢不能，就到网站上付费阅读。结果歪打正着，网络小说网站发现，短剧的形式更受欢迎。网络小说本来已经很下沉了，但读者至少要识字，还要有看小说的习惯。相比之下，不识字的人、不爱看书的人也能看短剧。

这批先入局的人尝试之后，发现这个商业模式似乎跑得通。短剧制作成本低廉，但能吸引到很多流量。尤其是在早期，投流成本很低，很容易一炮而红。短剧圈子里流传着很多造富神话。比如《无双》，制作成本不到50万元，上线8天充值破亿元；《哎呀！皇后娘娘来打工》，上线24小时，充值破1200万元；《黑莲花上位手册》是一部宫斗短剧，上线24小时，充值预计破2000万元，但后来由于"渲染极端复仇，以暴制暴"被下架。网友们后来发现，原来这部片子来自咪蒙团队。这种传奇故事多了，不少人就觉得，这个可以赌一把，"一周拍完，一月上线，一部财富自由"。

全国每年至少有一万部短剧上线，但它们都出奇地雷同。给男性观众拍的叫"男频"，内容主要是战神、赘婿、暴富；给女性观众拍的叫"女频"，内容主要是虐恋、甜宠。按说，其他通俗题材，比如科幻、悬疑、喜剧，不也是群众喜闻乐见的吗？为什么在短剧里很少见到呢？因为拍别的都不好使。拍悬疑，要动脑子想出离奇的情节，但你想出来了，别人就会抄走，就不新鲜了。而且，看悬疑也要动脑。拍短剧的人发现，爱动脑的观众不是"好观众"。因为他们一动脑筋，就会发现可以不花钱，去别的网站看盗版。拍喜剧，要的是紧张情绪的释放。这也不好。观众哈哈一笑，彻底放松，就没有付费的意愿了。

所以短剧的秘诀不是短，而是爽。不讲任何道理，霸道总裁就是爱上了我，爱得死去活来。不用铺垫，直接高潮。不需要全景、中景，直接怼脸拍。为什么男频都要讲逆袭的故事？因为钱是男人最焦虑的。为什么女频都要讲甜宠的故事？因为情是女人最稀缺的。

短剧是一种典型的文化下沉现象。它坐着升降机，直接降到最底层。最底层可能在很深的地下，常年见不到阳光。短剧给这里被遗忘的人提供了娱乐，赚走了他们的泪和笑，也赚走了他们的钱。"娱乐资本论"的创始人吴立湘说，十四亿中国人，可能有十亿人的精神文化需求被忽视了。城市里的中产以上阶层有着日益丰富的文化消费：图书、电影、音乐节、演唱会，但更多的底层民众呢？他们可能没钱、没时间；他们可能在农村，看不到；他们可能文化水平低，看不懂。经济增速放缓，他们也焦虑，更需要关注和慰藉。

也有文艺作品想反映底层的生活，可惜总是弄巧成拙。电影《热辣滚烫》讲的就是底层逆袭的故事。一个胖女孩在生活中处处碰壁，饱受欺侮。她立志要去学拳击，克服重重困难，成功地减了肥，并赢了一场拳击比赛。她学会了拳击，也学会了如何面对生活，成长为一名独立、自信的女性。可是，观众是怎么评价的呢？观众们说："她学拳的钱从哪儿来的？""哪有老板会让你不工作去练拳？""就算赢了一场比赛，接下来靠什么生活？她又当不了职业选手。"电影导演徐峥拍了一部《逆行人生》，讲的是外卖小哥的生活。为了拍出真实感，他还带着剧组全体主创人员去体验了一把送外卖的生活。上映之后，意见最大的反而是外卖小哥。他们说："这不是让我们花钱看有钱人来演我们的生活吗？""人家脱掉戏装数钱，我继续送外卖。"

2024年，一种新的短剧套路走红。一样是甜宠，但主角不再是少女，而是保洁阿姨。爱看这种剧情的，很多都是老年人。为什么老年人会突然喜欢上短剧呢？过去，他们都是通过看电视消磨时光。但不知道你注意过没有，老年人已经不会用电视遥控器了。过去的遥控器很简单：频道1看新闻联播，频道11看戏曲……现在的电视变成了IPTV（网络电视），花里胡哨，一上来就是复杂的菜单选择，搞得老年人手足无措。

正是在这样的沉默和尴尬之中，短剧应运而生。短剧里一定会有不少猎奇的、追求感官刺激的、打擦边球的，但归根到底，它们投射出的是社会情绪。逆袭也好，甜宠也好，都来自人们内心深处的渴望。不甘沉沦，想要翻身。眼角带泪，心中有光。吴立湘说到一个有趣的现象。印度有宝莱坞，每年都会生产大量的电影，但短剧在印度并不火爆。显然，不是拍不出来，而是没有共鸣。印度的穷人想的还是怎么解决温饱问题。他们早已放弃希望，只求来生处境更好，因而心中没有那种骚动不安的火苗。短剧的土壤只在中国。理解了短剧，才能理解底层中国。有多少底层的梦想，就有多少短剧的赛道。

每一种艺术形式都有自己的大师。弹钢琴的有大师，吹唢呐的也有大师；拍电影的有大师，演小品的也有大师；说相声的有大师，演杂技的也有大师。那么，短剧这个行当有没有可能出大师呢？

吴立湘摇了摇头说："我跟你讲一下短剧的生产模式，你就明白了。"一部短剧，投资是有门槛的，一上来就要投五十万到一百万元。这些钱大部分用于投流，少部分才用来制作。投流会用掉 80%～90% 的钱，也就是说，绝大部分钱都被平台拿走了。制作短剧的人是来分面包渣的。这些人只是一只脚踏进了演艺圈。导演和摄像可能是过去在小城市干影楼的，演员找的是跑龙套的群众演员，剧本是网络小说写手编出来的，拍摄地点大多是在西安、郑州、横店——去横店拍短剧的太多了，以至于人们说横店变成"竖店"了。一个摄制组，只花三到七天的时间，就要拍出一部总长九十分钟的短剧。这样短的时间，这样少的资金，怎么可能出精品？

"当然了，竞争激烈，制作水准也会被抬高。"吴立湘举了一个例子。男频的战神类短剧要塑造男主很厉害、家里有钱、战无不胜的形象。怎么表达他有钱呢？最初只要拍他开着一辆几万元的摩托车，后来就得拍他开跑车，再往后，拍跑车的比不过拍别墅的，拍别墅的比不过拍直升机的。"要说价值，未来的人们会从这些短剧里看到我们这一代人的物质生活。算史料价值吧。"

周逵是中国传媒大学的老师。老教授们对短剧不屑一顾，像他这样的年轻老师成了这个新兴行业的评审专家。在周逵看来，短剧已经演化出一种新的表达方式。这种表达方式特别快，"6秒给出身份，15秒第一个转折，最后10秒立一个悬念"。观众的习惯变了。越来越多的观众会用1.5倍速、2倍速看电影和视频，快进到高潮，快进到结尾。观众变了，创作者就要跟着变。过去，你要是跟一个拍电视剧的人说，他拍的东西很像短剧，他会勃然大怒，现在，这话听起来倒有几分像是表扬。一些官方机构也在适应这种新的传播方式。比如，在网络上非常活跃的深圳市卫健委拍了一部短剧《霸总剧里当医生，我只是他们 play 的一环》。网友说，看完我都想充值了。

拍好短剧，需要一种特殊的才艺。浙江卫视和优酷联合出品了一个综艺节目——《无限超越班》。节目邀请了一些香港 TVB（无线电视）的老戏骨，指导内地娱乐圈的小明星们提高演技。这些小明星的表现让老戏骨们直叹气，但有个拍短剧的年轻人让他们眼睛一亮。这个小伙儿叫锦超,人很腼腆,虽然拍过几部当红的短剧,但总是很自卑,觉得自己在演艺圈里就是"下九流"。其实,他的演技很好,在节目里拿到了第一张红卡,也就是通过卡。而且,他的演技很可能是在拍短剧的时候被训练出来的。

导师出了一道难题:只用眼神,表演出"我爱你",而且是量化的,要表演出 20%、59%、80%、100% 的"我爱你"。没想到,适应了短剧怼脸拍的锦超,有着强大的把握分寸的能力。他眉眼的笑意、嘴角的甜蜜,都是在用细微的变化表现内心的波澜。那一颦一笑,犹如用尺子量过,不多不少,不差纤毫。

绝了。

4.2 逆袭

升降机可以下去,也可以上来。

短剧下去了,但不想上来。做短剧的朋友说,我们就是做快餐的,不会做着做着就去做满汉全席。这个赛道人头攒动,人人都在想怎么赚快钱,他们还没有时间去想怎么升华。

可是,假如有一天,这个行业卷不动了,到处都是短剧,人们见多不怪,习以为常了,它会不会改变,有了灵气,能飞升上天,进入艺术的殿堂?它会不会像绝句、俳句那样,成为一种独特的创作方式?它会不会有自己的王之涣、王昌龄,自己的松尾芭蕉、正冈子规?它会不会成为每一个对影视艺术感兴趣的人接触到的第一个创作机会?

短剧的命运会怎样,我说不好。也许它能茁壮成长,也许它如昙花一现。但我们可以去看看别的故事。你会发现,最有生命力的文化都是从土里长出来的,不是从天上掉下来的。来自边缘的、非主流的文化,在不知不觉中颠覆了旧的主流文化。地心引

力是向下的，文化引力却是向上的。最有生命力的文化就像杰克的豌豆，会一直长，一直长，长到天上。²

最好的例子是美国的爵士乐。翻遍全世界所有国家，再没有另外一种来自边缘的音乐，可以如此快速而隆重地自民间升至殿堂。

一开始，美国是个年轻的国家，说不上有什么文化底蕴。美国的文化名流总是情不自禁地把欧洲当作标杆。当时美国最著名的作家是华盛顿·欧文，但他对美国国内的新鲜事显然不感兴趣，他关心的是欧洲的文化界都在干什么。欧洲的一切都是美好的，文学、绘画、雕塑、建筑、音乐。就说音乐吧。欧洲的音乐界大师辈出，群星璀璨：巴赫、莫扎特、贝多芬、勃拉姆斯、肖邦、柴可夫斯基、德彪西、瓦格纳……数都数不过来，美国人只有仰望的份儿。

是因为美国人不行，学不会作曲和演奏吗？当然不是。十步之内，必有芳草。美国一样有出色的音乐家。格什温写出了《蓝色狂想曲》《一个美国人在巴黎》，苏萨写出了《星条旗永不落》，科普兰写出了《管风琴交响曲》，艾夫斯写出了《第三交响曲》，但坦率地说，他们都没有像欧洲的音乐家那样获得世界声誉。不得不承认，文化是一种极为势利的东西。古典音乐的话语权掌握在欧洲人的手里。美国人做得再好，欧洲人也不会承认。在欧洲人看来，你还不是在学我吗？

但是，爵士乐在美国诞生了。爵士乐以不可阻挡的威力横扫乐坛，不仅让美国人如痴如醉，而且变成了可以和欧洲音乐抗衡的"美国的古典音乐"。欧洲的爵士乐音乐节每年都有成百上千场活动，比美国本土还要活跃。美国的爵士乐手常发现自己在国外比在美国更受欢迎。日本有众多的爵士乐乐迷，其中就包括著名作家村上春树。在印度、巴西和南非，都有独树一帜、技艺高超的爵士乐手。这一回，风水轮流转，全球的爵士乐手都要像去麦加朝圣一样奔赴美国，就连欧洲的爵士乐手也要仰望美国。

这是一个文化逆袭的传奇故事。爵士乐原本起源于在美国低到不能再低的底层，它是美国的黑奴从非洲带来的。1619年，第一批黑奴就到了詹姆斯敦，比第一批抵达美洲的英国清教徒还早一年。但是，爵士乐是美国的，并不是非洲的。它不是原汁原味的非洲音乐。爵士乐手就像拾荒者，捡来了各种各样的东西。爵士乐受到了教堂里赞美诗的影响。白人让黑人信教，是为了让他们服从，黑人却从《圣经》里看到了犹太人颠沛流离、被人抛弃的苦难经历，产生了共鸣。黑人唱出的赞美诗有非同一般的拉长、颤音处理，一人唱完，众人附和，歌声滚滚而来，犹如一波一波的海浪，又如树木随强风摇摆。爵士乐里也有劳动号子的声音：棉花田号子、筑堤营号子、监狱工作歌、街头卖艺，等等。它们就像英国作家毛姆在长江边上听到的纤夫号子一样，是痛苦的声音，是绝望的叹息，是揪心的呼喊。这些穷苦人的音乐虽然都已销声匿迹，却进入了爵士乐的灵魂。爵士乐里也融合了拉丁音乐的元素：桑巴、探戈、昆比亚、萨尔萨、卡吕普索……奔放、欢快，爵士乐是无法被锁入牢笼的自由灵魂。

爵士乐拒绝服从传统音乐记谱法的束缚。早期美国黑人民谣研究者亨利·爱德华·克雷比尔曾试图把黑人乐手的演奏用乐谱记下，最后却失望地放弃了。爵士乐手兴之所至，可以演奏某个音符，也可以不演奏，还可以随意地在协和音与不协和音，乃至大调和小调之间大胆转换。这才是爵士乐的魅力所在。

爵士乐的故乡是路易斯安那州的新奥尔良。曾经，这是世界上最肮脏的城市之一。1719 年，路易斯安那成为法国的流放地，到处都是有罪之人：囚犯、妓女和亡命之徒。黑人的处境比囚犯还要糟糕。1878 年，新奥尔良的黑人婴儿死亡率高达 45%。黑人平均寿命只有三十六岁。就在这样混乱不堪的环境里，诞生了最早的一批爵士乐手。这是贱民和被奴役者的音乐，别说上流阶层瞧不上眼，就连黑人社群也极尽贬低和嘲讽。直到今天，爵士乐的乐迷们都不好意思正视爵士乐最初的流行。第一支爵士乐队的成员是一群名为模仿、实则嘲弄黑人的白人，然后黑人乐手又模仿白人对自己的模仿。鄙视爵士乐的人说，爵士乐最初是在妓院里演奏的。低俗是真低俗，但群众喜闻乐见。爵士乐唱片卖得火爆，一时之间，每家唱片公司都忙着找黑人乐队录唱片。

19 世纪末，在新奥尔良，黑人音乐家们通过布鲁斯、灵歌和拉格泰姆等形式，发展出爵士乐的雏形。20世纪初，大批美国南方黑人涌入北方的工业化城市寻找工作机会，芝加哥的夜总会和歌舞厅成了爵士乐手们表演和创作的新中心。路易斯·阿姆斯特朗在这里脱颖而出，他在表演中加入了个人独奏和即兴演奏，吸引了更多的听众。

20世纪20年代的"爵士时代"，标志着爵士乐成为主流。随着无线电广播和唱片工业的兴起，爵士乐迅速传播到美国各地，成为夜总会、舞厅和戏剧表演的主打音乐。纽约的哈莱姆地区是非裔美国人文化复兴的中心。杜克·艾灵顿是纽约爵士乐的灵魂人物，他开创了大乐队爵士乐，让爵士乐从小型即兴演出转变为复杂的编曲和合奏。

之后，爵士乐风格多变。20世纪40年代流行的是比波普风格，50年代分化出酷派爵士、硬波普，60年代有自由爵士，70年代有融合爵士。新人辈出，百花齐放。如今，没有人能质疑爵士乐在音乐殿堂中的地位。阿姆斯特朗1971年逝世的时候，被美国报纸誉为那个时代最有名的美国人。艾灵顿也和格什温、科普兰等人一样，被奉为美国的音乐大师。[3]

所以，文化崛起往往来自底层逆袭。要想发现文化的新力量，请你朝下看，不要朝上看。这世间哪有什么艺术不是从低到尘埃的底层萌芽的？这世间哪有什么艺术家不曾被人鄙视，被污名化，被放逐到主流之外？这世间哪有什么英雄不曾遍体鳞伤、穷途末路？这世间哪有什么得道者不曾身受诱惑、误入歧途？

看到那些摔倒在地的人，先不要着急喝倒彩。给他们一个机会。等等看，或许，他们会掸掸身上的灰，再次站起来。

4.3 上升

2024 年，一款名为《黑神话：悟空》的游戏火到破圈。

围绕这款游戏的热点话题始终没断，但一开始只是在圈子内。四年前，制作方游戏科学放出了第一个预告片，虽然只有十三分钟，但上线不到二十四小时，播放量就已突破千万。预告片画面精美、构思奇巧，让人眼睛一亮。不过，大多数人还是替游戏科学捏一把汗。看这阵势，游戏科学是想干一票大的，做一款中国的 3A 大作[4]。可是，这种大制作的游戏一般是欧美大厂才肯投入重金去做的，成本高、耗时长、风险大。游戏科学只是一家名不见经传的小公司，要人没人，要钱没钱，行吗？

到了 2024 年 6 月，《黑神话：悟空》快要正式发售了，又有一则消息在圈内炸了锅。据传，一个名叫 Sweet Baby 的机构向游戏科学索要数百万美元的指导费，说是能帮它把游戏内容做得更多元、更包容、更符合西方的政治正确。游戏科学毫不客气地拒绝了。这一传言反倒引起了很多玩家的共鸣。玩家对各种莫名其妙的政治正确早已忍无可忍。育碧出品的《刺客信条：影》，故事背景是封建时代的日本，但男主角居然是一个黑人武士。索尼重金打造、耗时八年推出的《星鸣特攻》，被玩家戏称为"最政治正确之作"，推出仅十五天就因市场表现不佳宣布下架。一时间，声援《黑神话：悟空》的游戏迷越来越多，争吵声传到了圈子外，成了热点话题。圈内有博主忧心忡忡地表示：这可不是什么好事，大家不要给"黑神话"太大压力。好容易有一款国产3A大作，可别因为期望太高，最后让人失望，我们失败不起了。听这口气，不像是在说一款游戏，倒像是在说马上就要出征的奥运选手。

8月20日，正式发售的日子到了。即将上线的游戏《艾诺提亚：失落之歌》为了避免和《黑神话：悟空》撞车，宣布将发布时间延期。亮相之后，《黑神话：悟空》一战封神：一小时内游戏平台Steam上的在线人数超过104万，打破3A游戏《赛博朋克2077》2020年发售时的纪录。二十四小时内，《黑神话：悟空》的Steam在线玩家最高达到222万，超越《艾尔登法环》，仅排在联机游戏《绝地求生》之后。游戏发售第四天，销量就已超过1000万份。这个数据和最有名的3A游戏大作相比也毫不逊色。《艾尔登法环》首周发售500万份，一年内销量达到2000万份。《巫师3》两周发售400万份，五年内销量达到2800万份。《使命召唤9》首周发售1120万份。

这次《黑神话：悟空》真的出圈了。

这是一款单机游戏，而单机游戏在中国只能算是小众市场。中国的单机游戏玩家大约有1000万，手机游戏玩家则超过5亿。在单机游戏当中，《黑神话：悟空》的定价明显高出其他国产游戏。Steam上的国产单机游戏基本上价格不超过100元，其中大部分定价在50元以下，而《黑神话：悟空》的售价是268元。玩单机游戏需要一定的门槛。以配置要求为例。由于《黑神话：悟空》采用了全景光线追踪等先进的技术，能呈现极为精美的动态光影效果，对显卡的要求就比较高。想玩得顺畅，配齐设备大约需要5000元，想得到更好的体验，可能要花3万元。除了在电脑上玩，单机游戏还可以用索尼的PS游戏机连上电视玩。《黑神话：悟空》一出，很多地方的PS5居然卖断货了。善于抓住热点的瑞幸，联名《黑神话：悟空》推出新品"腾云美式"。此次联名活动的限定3D海报一上线，便在线下门店售罄。一时间，瑞幸的点单系统几乎都要被挤爆了。瑞幸CGO（首席增长官）杨飞当天发朋友圈说："男性购买力今早颠覆团队认知了。"游戏中不少场景都是在实地取的景，这又带动了旅游行业。山西云冈石窟、应县木塔、悬空寺等，成了玩家争相打卡的网红景点。据说，有企业在游戏发售之后索性给员工放假，让他们回家打游戏，先过把瘾。网上还流传说小米高管王腾上班时间玩《黑神话：悟空》。周鸿祎也分享了360团队将《黑神话：悟空》改造成体感游戏的过程。我到北京出差，约了我的好朋友财新传媒总编辑王烁，想跟他聊聊中国经济，没想到他突然来了一句："昨天我通关了《黑神话：悟空》。"

这不仅是《黑神话：悟空》这款游戏的成功，也是中国游戏界的逆袭。《黑神话：悟空》像一道闪电，忽然照亮了本在黑暗之中的游戏行业。人们这才看清楚了，中国不仅有《黑神话：悟空》，还有《原神》，还有一直备受好评又赚钱的《魔域》。不仅有大制作，还有小制作，比如椰岛制作的《江南百景图》。

这么多年来，中国的游戏行业一直被骂。这有游戏行业自身的问题，骂得活该。别人做游戏，想的都是如何把游戏做得更好玩，内容丰富、构思精巧、画面美观、操作流畅，然后把做好的游戏卖给玩家。这和做电视的卖给你一台彩电、做奶茶的卖给你一杯奶茶一样，关键是把产品做好，货好不愁卖。但到了中国就不一样了。从 2006 年发布的《征途》开始，游戏行业琢磨出了一种"游戏免费，道具付费"的营销模式，从此沉迷其中，一发不可收拾。游戏厂商会用各种各样的手段引诱玩家买道具、皮肤、VIP（贵宾）、通行证……层出不穷的"氪金"[5]手段成了中国游戏的最大特点。为了让玩家氪金，游戏厂商还会想方设法地使玩家在游戏中停留的时间更长，让他们无休止地完成任务、升级。用玩家的话说，为了"氪金"，还得"肝"[6]。最后就是又氪又肝，玩家沉迷游戏，不可自拔。正如游戏科学创始人冯骥在 2007 年的一篇旧文《谁谋杀了我们的游戏》中所说,游戏研发和策划团队想的不是"如何让游戏更好玩更丰富,而是研究如何让玩家成瘾,让他们习惯党同伐异,谩骂虐杀,以及进行更安全的在线现金活动(赌博、虚拟物品交易等)"。

这个时期的中国游戏行业,特别像金庸小说中年少时的杨过,没爹没娘,天天偷鸡摸狗。正人君子自然对这个野孩子看不上眼,总觉得他是个不可救药的坏小子。偏偏这孩子气性高,性格孤僻,有时候受了委屈,受了欺负,既不辩解,也不认错。他会有意识地疏远别人,反正谁也靠不上,那就靠自己吧。虽然不是听话的乖孩子,但这孩子亦正亦邪,可以成为大侠,也可能会变成恶人。

其他行业,比如拍电影的、做文创的,甚至做动漫的,都能得到政策扶持,但游戏行业没有。这个行业只能靠自己。有高校设立过跟游戏相关的专业,后来,取消的取消,压缩的压缩。游戏行业需要人才,只能在工作中自己培养。这个行业很容易成为社会舆论的焦点。一心"鸡娃"的父母觉得,都是因为沉迷游戏,自己的孩子才无心学习。没有玩过游戏的人觉得,游戏的内容不是很黄就是很暴力。这就逼着游戏行业在监管政策出台之前先自我审查、自定规矩。国内游戏版号不好拿,那就先去海外。如果在海外市场卖得好,又没有引起什么争议,再回国申请版号就会更有底气。

游戏行业中的江湖第一代,有的行事乖张,有的远走他乡,有的为人低调。虽然当年都是风云人物，但如今他们很少在舞台上亮相了。他们知道这个行业的社会形象不佳，但又不服气。他们以会赚钱为荣。3A大作又怎么样？赚的还是不如我多啊。他们积攒了丰富的经验，对游戏有与众不同的洞察。他们做的游戏更符合开放世界的逻辑，不拘泥于固定的剧情，更强调玩家的互动。这些本应是同行可以学习的经验，可是，从来没有人去认真听取他们的观点。好吧，那就闭嘴。

为什么"野孩子"又变成了"好孩子"？

因为一代人谢幕，另一代人登场。

新一代做游戏的人不一样了。他们受教育程度更高，大多有海外留学经历，眼界更开阔。他们是互联网时代的原住民，从小就沉浸在游戏世界中，熟悉游戏的世界观和方法论，能分辨出哪部作品是优秀的、哪部是平庸的。他们热爱游戏，一心想做出最牛的游戏。上海一家游戏公司旗下有个工作室，成员是十几名年轻人。他们在这里工作可不是为了拿高薪，这些孩子不缺钱。他们大多出身富贵人家，家庭平均资产过亿，衣食无忧。这些年轻人唯一的心愿就是做出最棒的游戏。珠海的西山居资历很老，但不像别的游戏公司那样风风火火、匆匆忙忙。西山居一直不疾不徐、从容淡定，精雕细琢每一个游戏。比如，在《剑网3》中，开发团队还原了唐代名宴"烧尾宴"中的"汉宫棋""生进二十四气馄饨"等名菜。上线十五年来，这款游戏还开发了五千多套可选外观和服装，被玩家们称为"华南第一服装厂"。以经典外观"持君令"为例，其女款设计借鉴了古代汉服、马面裙等传统经典服饰的元素，男款则以明代锦衣卫的赐服飞鱼服为设计灵感。

现在整个社会对游戏的容忍度更高了。制定政策的官员中，"80后"甚至"90后"逐渐增加，他们和从小没有接触过电脑和手机、没玩过电子游戏的上一代官员不一样，不再把游戏视为洪水猛兽。不少地方政府想发展游戏行业。游戏行业可以帮助地方政府招募人才，推进科技创新，让城市对年轻人更有吸引力，而且，这也是一个少有的在经济低迷时期还能有稳定现金流的行业。北京、上海、广州、深圳都认为自己应该是当之无愧的"游戏之都"；成都、杭州、福州、厦门、苏州、武汉、长沙、济南等城市也毫不示弱，觉得应该有自己的一席之地。投资人也醒悟了过来。投资人以前看重的是"短平快"的手游项目，不愿意为游戏人的情怀买单。但他们现在也在反思：手游看似投入少，但竞争激烈，不知要开发多少个才能出一款爆品；3A游戏看似投入多、周期长，但门槛高了，竞争对手就少，成功的概率更高。市场会奖励做出精品的团队。就像电影可以拍续集一样，成功的游戏大作也会用一个IP（知识产权）不断"套拍"，还可以开发各种周边产品，算一下账，其投资回报率可能更高。

谁都有过艰难的时候。我听过不少拍电影、做游戏的朋友抱怨创作的环境太差，所以搞不出杰作。其实不是这样的。能力越大，尺度越大，这是一个正反馈的机制。种子并不是到了春天才开始生长的，也不是有了清风的吹拂才开始发芽的。它的生命源自从未泯灭的梦想和不可遏制的活力。还在泥土里的时候，种子就已经知道，只要坚定地生长，春天就会来和它约会。

4.4 三维竞争

文化下降也好，上升也好，逆袭也好，跟经济有什么关系呢？我们需要关注到，中国经济出现了一个新的趋势：企业之间的竞争，除了价格和质量这两个传统的维度，又增加了一个新的维度——内容。我们可以把企业在这三个维度上的竞争力想象成部队的战斗力。部队有陆、海、空三军，企业的竞争有价格、质量和内容三个维度。它们之间是什么关系呢？

企业竞争的第一个维度是价格，这相当于三军中的陆军。陆军是最古老也最基本的战斗力量。即使有了洲际导弹和航空母舰，战争最终的胜负也还是要靠每一座城市、每一个村庄、每一条街道、每一条战壕的争夺。同样，即使产品再先进，企业也还是离不开价格竞争。

降价促销似乎是每一个企业都会做的，但要想把价格战打到极致，还需要实力和谋略。一种方法是第一性原理，即回归最本质的东西，从头重新思考产品的生产。埃隆·马斯克从小就有一个火星梦，他想把飞船送到火星上。一开始，马斯克想从俄罗斯买火箭，但俄罗斯军方狮子大张口，开价两千一百万美元一艘。马斯克说太贵了，俄罗斯人当面奚落他：没钱买就不要说贵。在从俄罗斯回美国的航班上，马斯克用电脑做了一个表，他把火箭的各个零部件拆开，再一个个去计算制造成本。马斯克计算的结果是，造一艘火箭比俄罗斯人的报价要便宜得多。那不如自己来造好了。火箭如此昂贵，是因为过去火箭是军工产品，军工产品是不面向市场的，靠的是政府的订单。企业争取订单的时候层层发包、层层加码，就把价格抬上去了。

回归到第一性原理，可以确定每一个零部件甚至原材料的价格，但这仍然是不够的。做完分拆还要做整合，如何把原材料变成成品，如何把零部件组装成整机，需要一套高效的生产体系，使生产过程畅通无阻，产品质量也有所保障。听起来这只是最基础的东西，但往往也最能看出企业的实力。

有的时候，降低价格还需要出奇兵。雷军计划生产充电宝时，有人把这个消息告诉一些生产充电宝的企业，这些企业不以为然：我们这个行业已经这么卷了，哪里还容得下别人？雷军要是进来，那就是"找死"。没想到，雷军的这一决策是基于他对另一个行业的洞察：2013年，笔记本电脑市场萎缩，雷军断定会剩余大量的电池。笔记本电脑用的18650锂电池，性能优质且技术成熟，用来做移动电源性价比极高。用更低的价格实现品质的跃升，这不就是降维打击吗？

企业竞争的第二个维度是质量。质量就像海军，其机动性胜过陆军。海军不需要和陆军的大部队硬碰硬，可以灵活地寻找登陆地点，时刻把握战场上的主动性。鸦片战争中清兵与英军交战，总是惨败，其实并不是因为士兵都贪生怕死，甚至不是因为武器太落后，而是因为清朝的军队散落各地，来不及调兵遣将。等援兵到了，英军早就开着船走了。

价格竞争往往比质量竞争更为惨烈。价格竞争就像进化论中所说的"种内竞争"，也就是同一种生物个体之间为了争夺共同资源而展开的生存竞争。种群的密度越大，种内竞争就越激烈，因为资源变得更稀缺了。质量竞争更像进化论中所说的"种间竞争"，也就是不同的物种有相似的要求，为了争夺有限的空间和资源，每一方都力求抑制对手。如果两个物种占据的是相似的生态位，它们就很难稳定地共存。但如果生物群落中的各个物种发生了生态位的分化，各安其位，生物的多样性就会形成并维持稳定。

企业之间的价格竞争只关注一个参数，而质量竞争会兼顾多个参数。同样是卖手机，如果只比价格，那就是谁便宜谁赢，最终只有一个赢家。但要是看质量，就会看手机的存储能力、计算能力、续航能力、拍照效果等各个方面。同样以拍照为卖点的手机，又可以比谁的手机能美颜，谁的手机色彩更逼真，谁的手机更适合拍夜景，等等。于是，企业之间既有竞争，又能共存。

海军和陆军如果协同作战，就获得了远距离投放兵力的能力，可以成为统御全局的王者。同样，价格和质量如果协同作战，就能获得性价比的优势。所谓性价比，指的是如果产品的性能一样，你的价格必须比别人的低。

收入水平不高的时候，人们对价格更为敏感。这时的性价比，指的是你的产品必须是所有产品中价格最低的。消费者通过买到便宜货来获得满足感，但是，你的产品质量也得过关。在这样的竞争中，价格是必答题，质量是加分题。这是"性价比 1.0"。

如今，随着收入水平提高，人们对性能更为关注。这时的性价比，指的是你的产品必须是所有产品中性能最优的，但价格不能是最高的，你得比竞争对手便宜一些。比如，别人卖一百元，你卖九十元。消费者不是掏不出十元钱，这十元钱是为了给消费者一个理由，让他们说服自己，买你的产品物超所值。这是"性价比 2.0"。

我参观过一家房地产公司在重庆的楼盘。如你所知，楼市近几年普遍不景气，房子不好卖了。这家企业在重庆的销售业绩也不尽如人意。不过，它有一个楼盘卖得很好。当然，这个楼盘的地段不错，交通便利，周围有很好的学校和医院，但让人印象最深刻的是，这个楼盘的房子面积大多在一百平方米左右，却都设计成三房两厅两卫，明厨明卫，两个卫生间还要干湿分离。为什么要这么设计呢？

在经济高速增长时期，人们都很乐观，他们在意的是房子的面积够大，对房子的设计反而没那么关心。经济增速放缓的时候，人们能拿出来买房的预算少了，只好放弃总价太高的大房子。但是，人们对居住的要求提高了。家里有老有小，只有一个卫生间不方便，面积再小，也要设计两个卫生间。像这样的跟生活体验有关的细节，成为买房者最关注的。这个楼盘在细节上下足了功夫，才会让人一见心动。

企业竞争的第三个维度是内容。它有点像空军。空军诞生得最晚，它的作用到底是什么，曾经引起极大争议。美国空军战略家威廉·米切尔是狂热的空军派，在他看来，空军才是部队的主力，陆军和海军都要为空军服务。海军负责把飞机运送到战场，空军负责灭绝式空袭轰炸，消灭敌人的主力，陆军最后去清理战场就行。谁占领了天空，谁就赢得了战争。[7] 其实，米切尔高估了空军的威力。有了空军，陆军如虎添翼。但是，没有陆军，空军对地面上的敌人就鞭长莫及。

在企业的竞争中，内容变得越来越重要，一是因为在需求端，消费者更注重产品和服务能提供的情绪价值，希望通过消费行为获得一种认同感。年轻一代喜欢新奇的、美丽的、有个性的东西。二是因为在供给端，创作的门槛降低了，更多的普通人也能参与其中，过去没被看见的人间烟火现在有了展示的平台。

这两个因素叠加，使我们突然进入了一个内容大爆发的时期。

和创作有关的内容生产沿着上升和下沉两个方向突进。《黑神话：悟空》横空出世，做出了以前行业内想都不敢想的大作，而短剧则极度下沉，覆盖了以前从未触达过的群体。内容生产已经成为年轻人的新生活方式。有一次，我去一家新开张的网红餐厅吃饭，里面乌泱泱的都是人，而且大部分是年轻人。一开始，我很纳闷，又不是周末和节假日，怎么会有这么多年轻人？难道他们不用上班吗？随后，我才意识到自己问了一个傻问题。对这些年轻人来说，来网红餐厅直播就是他们的上班方式。和文化多少沾点边的行业都发现，有好内容才能为自己加分。疫情过后，中国的酒店弯道超车，在很多方面超过了国际知名酒店品牌。传统的酒店一进去就是空荡荡的大堂，看似气派，其实浪费了宝贵的空间。中国的连锁酒店有更多的创新精神。它们充分利用酒店大堂的空间，里面有酒吧，有咖啡馆，有书桌，也有台球桌，有泡泡玛特，甚至有室内攀岩，像办展览一样把生活趣味一一展示出来。看似和文化没有联系的行业也意识到，未来的出路是做内容。名创优品就在把自己从零售公司变成内容公司。它发现，产品就是货架上的内容，消费者来购买产品，其实就是在消费内容。2024年上半年，名创优品销售的产品中，海外近50%、国内近30%都是IP产品。产品做得再好也是死的，有了内容才有灵魂，产品和用户才能建立情感上的联系。

遗憾的是，很多做内容的人都犯了米切尔式的错误。他们认为内容可以凌驾于价格和质量之上，把流量当作内容生产的密码，以为流量具有点石成金的魔法。在他们看来，有了流量就能成为网红，成了网红就能实现商业变现，这就是商业世界的成功公式。但是，这只是一种在特殊时期才会出现的短暂现象。支撑这一现象的因素在未来会发生变化，我们现在所熟悉的商业打法到时候就失灵了。

如果以流量为目标，那最强大的力量并不是内容，而是资本。没有投流花费的巨额资金，很难打造出现象级的网红。可是，投流花出去的钱都去哪儿了？都被平台公司拿走了。平台公司变成了黑洞，没有一束光能从这里逃出去。这种经济生态系统是难以长期维系的。即使积累了几百万甚至几千万粉丝，也不等于网红就有了持续的竞争力。流量的爆发往往突如其来，就像山洪滚滚而至，脆弱的堤坝很难承受这种巨大的冲击力。网络上所谓"见光死"的现象太多了，一夜爆火反而是很多网红的退场之日。能够存活下来的网红，也会发现自己似乎进入了娱乐圈，而娱乐圈的生存法则是：你有什么不开心的事情，说出来让我们开心开心——娱乐圈会不断摧残已有的明星，好让新的明星站到台上。这就使得网红的"产品生命周期"格外短暂。

20 世纪 80 年代，曾经"全民写诗"。20 世纪 90 年代，曾经"全民 K 歌"。到了今天，又出现了"全民直播"。这些现象很快就成了或者即将成为过眼云烟。在没有雷达和高射炮的时候，飞机可以如入无人之境,但有了对手之后,飞机的战斗力就被大大削弱了。同样,在生产过剩、渠道短缺的时候,掌握流量的网红们获得了溢价,但真正的竞争还要靠对供应链体系的把控和不断的创新。

过于吵闹的内容最终都会变成噪声。这个世界上的那些喧嚣,高歌也好,悲恸也好,其实都与你无关。最终,你会发现,你只能和你关心的人,以及关心你的人在一起。

潮水退去,你会发现,原来时代精神都已经变了。

4.5 时代精神

什么是时代精神?它是能够和一个时代的绝大多数人产生共鸣的那种气质。时代精神是一种哲学吗?不,时代精神不是一种理性,而是一种情感。它不是被说服的,而是被唤醒的。它没有办法被教导,只能被认同。

当一个社会沿着既有的轨道平稳运行时,时代精神就不容易被察觉。只有当一个社会出现巨变时,时代精神才会突然显现。人们在困惑、焦虑和失望之后才会反省:我是谁?我从哪儿来?要到哪儿去?

在经济高速增长时期,时代精神只是一种背景色和白噪声,不仔细分辨,很难察觉它的存在。那时候的时代精神是:我要奋斗。

剧本是这样写的:这是一个伟大的时代,到处都有机会。我看到别人抓住了机会,他们的命运彻底改变。我看到他们登上了时代的巅峰,真的为他们高兴。我觉得我也会有机会,不仅是因为看到了他们的成功，找到了榜样，而且是因为我也在不断地提高，我也在上升。我能感知到我的收入在提高，眼界更开阔。我对自己充满了信心。我很努力，也不笨。我之所以能有今天，主要靠个人拼搏。如果说我还不够成功，那只是因为我还不够努力。我要学习，学习那些比我更强大的国家、企业和个人。在他们成功之后，就轮到我成功了。再耐心等等，我所有的愿望就都能实现。

可是，剧情的发展并不是这样的。虽然你和以前一样努力，但机会却越来越少。重要的原来不是个人努力，而是时代给你的机遇。那些比你优秀的人，可能不过是比你运气好而已，但他们竟然把你视为失败者。你因事事不如意而感到焦虑，你的焦虑会变成失望，失望会变成愤怒，愤怒会变成冷漠。

在经济低速增长时期，社会个体的精神状态很容易变成又"丧"又"嗨"。

"丧"成了一种新的底色。你不再像以前那样容易激动。你会变得更多疑、世故。你不再相信所有的努力都会有收获。你不想奋斗了，只想静静。

"丧"是一种自我保护。这情有可原。你已经登上了小山的山顶，走了那么长的路，当然会感到疲倦。你发现再往前走都是下山的路，当然会沮丧。到了该休整的时候，就要停下来休整。

"丧"也是一种自我觉醒。每天都像打了鸡血一样朝前冲，就没有时间去思考。真正的创新允许失败，鼓励偷懒。慢下来，静下来，才有机会和自我对话，找到人生的意义。在电视剧《我的阿勒泰》中，有一段台词特别火。女儿跟妈妈说："妈妈，我虽然笨手笨脚，但还是个有用的人对不对？"妈妈却说："啥叫有用？生你下来是为了服务别人的？你看看这个草原上的树啊草啊，有人吃有人用，便叫有用。要是没人吃，它就这样待在草原上也很好嘛，自由自在的嘛！"年轻人们听了之后恍然大悟：对啊，就应该活得像一棵树，我们自成风景。

"丧"也是一种反抗。这是一种对抗"爹味"的非暴力不合作。"爹味"是上一代人情不自禁流露出来的优越感。有爹味的人会睁大他们的眼睛，一惊一乍地高叫：不会吧，难道现在的年轻人都不喜欢奋斗了？难道他们只等着享受现成的？——没有比这更让年轻人难以接受的指责。"你们那一代人享尽了时代的红利，占据了最好的位置，死活不肯让出来，到头来却要教训我们不够努力！"

我有一个学生去东莞调研"三和大神"。这是深圳市龙华区景乐新村北区三和人力市场附近的一群打工者，他们做着日结薪水的工作，过着极度省钱的生活。不要以为这些社会底层的年轻人都是"废柴"，他们以一种极端而决绝的方式表达了自己对社会的看法。"三和大神"最早是被迫出现的。劳动力市场上的供给超过了需求，因而出现了一批随时待命的备用劳动者大军，招之即来，挥之即去。没有稳定的工作，他们只能接受日结。随后，有一群年轻人喜欢上了这种更自由的生活方式，劳动力市场上则出现了招工难的新现象。于是，一些劳务派遣公司不得不迁就这批年轻人，日结成了更具吸引力的招工方式。再往后，有些年轻人连日结也不愿意做了，宁肯做一些灰色地带的交易，比如卖身份证、撸网贷。我的学生感慨，当年资本家宁肯把牛奶倒进河里也不让人喝，如今这批工人宁肯把自己的劳动力倒掉也不让资本家剥削。

但"丧"并不是出路。一个人哪怕再消沉，心中仍然会有一团小小的火苗，能让他看到生命中的美好。这火苗可能是一张让自己也惊艳的旅拍，可能是一道亲手做的美味菜肴，可能是开店后第一次收到顾客的钱，可能是第一次跑完的五公里，可能是直播时一位坚持听完的观众，也可能是出租车司机讲述的他悲惨而又顽强的人生故事。

可是，怎样才能点燃这小小的火苗呢？过去的时代精神是站在自我的角度去看宏大的世界，要把整个世界都放在自己的视野中。现在的时代精神是从纷繁的世界退回一个人的内心，要把一个人的悲欢置于整个世界的舞台中心。和解吧，努力地和解，与自己和解，与别人和解，与这个世界和解。

这个时代精神是：陪你成长。

它的台词是这么写的：你已经尽力了。我们知道你是认真的，你希望把事情做好。别人只看结果：没考第一就不是好学生，没当上百万富翁就是失败者；而我们看过程，你的每一分付出和努力都值得被看见，你每一个小小的进步都值得被鼓励。有时候，你觉得自己偷了个懒，心里会有负罪感。其实，每个人都有这样的时候，该紧张就紧张，该松弛就松弛。

这不是你的错。世上不如意事十之八九：考学的时候就差几分没考进心仪的名校；找工作时没有让你激动不已的职位，只能找了一份不至于那么讨厌的活儿；孩子总是不努力，学习成绩总是比想象的差；赚钱越来越难，花钱却像无底洞。这些结局都不是你能控制的，甚至有很多因果是你所不知晓的。不必再为无法控制的外力责怪自己。

以后会好的。你猜怎么着？你认为已经糟糕到不能再糟的结局很可能并没有那么糟。放弃一种努力，反而能看到新的方向。撒手不管，自有其他人、其他力量接手，矛盾或许会迎刃而解。没有结果，或许只是时机未到。你没有进步，但别人可能退步了，甚至犯了致命的错误，被淘汰出局。事态越来越糟，那是因为物极必反，利空出尽才能又有利好。你摸的牌很差，别着急，别人的牌可能更差。你还在牌桌上，怕什么？

了解时代精神到底有什么意义呢？如果你关心的是流量，那一点帮助也没有。流量的密码是撕裂，所有可以撕裂的话题都极易获得流量：富人和穷人、男性和女性、中国人和外国人、资方和劳方、上级和下级、家长和子女、婆婆和儿媳。流量密码会激发更多的矛盾，带来更多的戾气，引发更多的恐惧。制造流量的人正在作恶的路上狂奔。一路狂奔到底，他们看到的将是"作死"的结局。

　　了解时代精神并不能让你获得流量上的成功，但可以让你避免犯下致命的错误。那些少数的、为人敬仰的、有着持久影响力的伟大作品，都有一个共同之处：它们和时代精神产生了共鸣。

注　释

1　指第 4 代、第 5 代移动通信技术。
2　指《格林童话》中杰克和豌豆的故事。
3　[美]泰德·乔亚：《爵士乐史》，李剑敏译，李皖校译，商务印书馆 2020 年版。
4　指高成本、高体量、高质量的单机游戏。
5　指网络游戏中的充值行为。
6　网络用语，指花费大量时间和精力去做某件事。
7　[美]威廉·米切尔：《空中国防论》，李纯、华人杰译，解放军出版社 2005 年版。

5

你的成功来自别人的努力

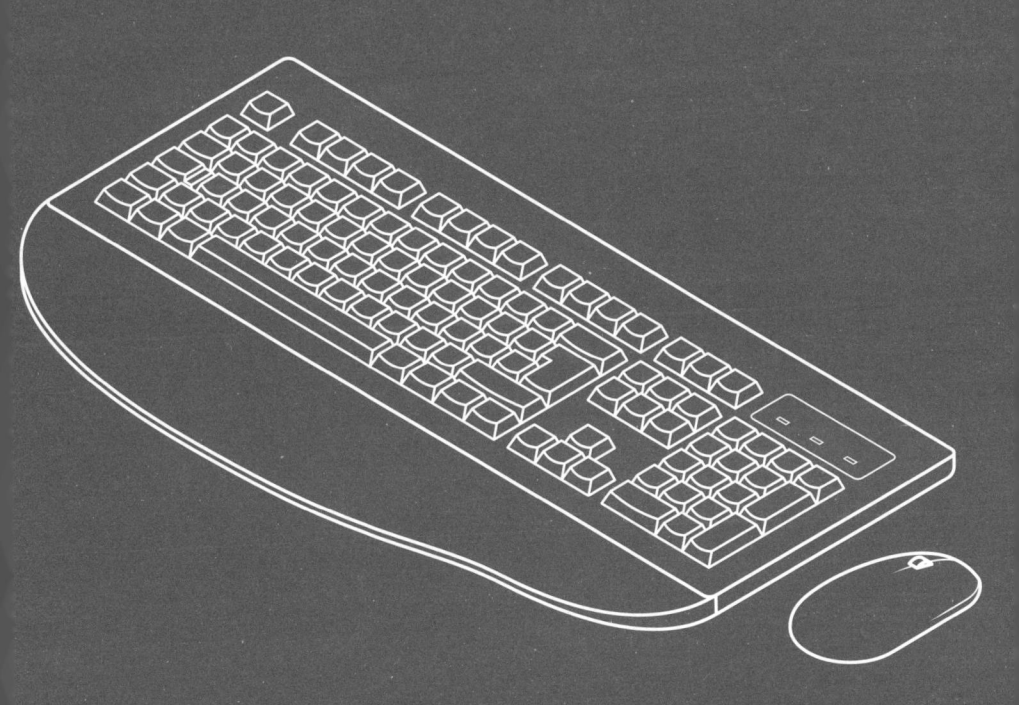

5.1 黄石

万里长江流到江汉平原,滔滔急流变得缓慢平静。这里是低洼的平川,古代叫作"云梦泽",是一片莽莽苍苍、望不到头的沼泽。奇特的是,这里虽然是长江的中游,但海拔比长江下游还要低。那江水是怎么从这里继续东流的呢?靠的是上游涨水。上游的水推着中游的水,一直流到下游。

长江和汉江汇合之后,继续向前流,顺着大别山麓折道南行,流过一座城市:黄石。

黄石有着悠久的历史,也是一座年轻的城市。考古学家在这里发现了三千年前冶炼青铜的遗址,曾侯乙编钟用的青铜便源自此地。这里也是中国民族工业的摇篮。晚清时期,湖广总督张之洞在汉阳建造钢铁厂,从江西萍乡采煤,又在大冶,也就是当时的黄石发现了铁矿,用萍乡的煤、大冶的铁,炼汉阳的钢。黄石还有湖北最早的水泥厂、铁路和电厂。当中国还是一穷二白的农业国时,黄石便已成为鹤立鸡群的重工业基地。

说黄石是座年轻的城市，是因为它1950年才设市。黄石这个名字，来自黄石港和石灰窑（即现在的西塞山区）。黄石有重工业基础，有丰富的矿产资源，邻近长江，紧靠武汉，占尽各种优势。建市以后，黄石曾是湖北仅次于武汉的第二大城市，外号"黄老二"。但登上山顶，前面就是一段下坡路。改革开放之后，宜昌、襄阳、荆州纷纷超过黄石。黄石既要经历产业转型之痛，又要体会资源枯竭之苦，还要还上几十年的生态旧账，眼看着地位一路下跌，坐上了湖北的第九把交椅。

城市的历史就像起伏的山峦。在远处眺望的人能一眼看出山势的变化，而身在山中的人并不在意山路的崎岖——他们习惯了曲曲折折的拐弯，爱上了四时变化的风景。只有住在本地的人，才对自己的城市最为熟悉。

小周是土生土长的黄石人。她的父亲当年是华兴水泥厂的职工，母亲是大冶钢厂的职工。国企的福利就是好。小周说，我们吃饭不要钱，上学不要钱。同学都是华兴水泥厂的子弟，上完学，大部分人又进了华兴水泥厂和大冶钢厂。小周跟他们的想法不一样，她想出门看看这个世界。她在西安一所高校学市场营销，上学时就考了导游证。当过导游的前辈跟她说：当导游好啊，到处玩儿，不花钱，还可以拿回扣，收入可不差。但小周毕业之后，正好赶上西安规范导游行业，没有回扣可拿了。虽然收入还行，但可没有前辈们说的那么风光。干了几年，小周又去了上海。上海让小周看到了一个更大的世界,她既感到新奇,又感到惶恐。

在上海晃荡几年之后,小周回到黄石。她本想找份工作,老老实实去上班算了,结果找到一家公司,人家跟她说,看你是上海回来的,给你开一个月一千七百元,黄石本地的都是一千五百元。什么?我在上海时月薪已经上万元了!这下子,小周知道差距有多大了。没办法,她只好自己创业。小周干过几年典当行,但在几家大典当行进入黄石之后,她开的小店就经营不下去了。

有个朋友说,不如我们开个餐厅吧。小周从来没开过餐厅,但她做事总是很用心。餐厅装修得很别致,菜品专走虾蟹系列,又是私厨风格,成了当地的网红餐厅,生意好得不得了。但小周越做越觉得没主意:下一步该怎么办?是做一家小而美的单店,还是快速扩张,开连锁店?

小张家在黄石城郊的一个村子。1992年,她父母拉了一辆牛车,把家里的猪卖了八百元,就用这八百元做本钱,到黄石做生意。果然是经济高速增长时期,鼎盛的时候,他们家在黄石步行街有十四家铺面,每个月都能赚一套房。不过,小张的父母太爱折腾了,看见别人干什么,总觉得更高大上,就要跟着干。折腾来折腾去,新的生意没做起来,原来的生意也黄了。

黄石的生意做不下去了,小张的父母回乡办了一家石棉瓦厂。买设备的时候被人骗过,干了没几年又遇到环保风暴,很多小工厂被关停,小张家的石棉瓦厂也关了。

到了谈婚论嫁的年龄，有人给小张介绍了个男朋友，说这男孩家是附近村子里的首富。男孩家是开采石场的，每天都能赚几千元，村里人羡慕得不得了。小张结婚之后，和丈夫一起到外面闯荡，做过生意，进过工厂。家里人说，你们还是回来接班吧。采石场的业务，是把山上的白石头磨碎，加工成涂料。小张丈夫一个人管理，七八个工人干活，这么一个简陋的小作坊，一年也能有两千多万元的营业额。让小张觉得不可思议的是，丈夫不爱交际，从来不做营销，客户都是几十年攒下来的老关系，订单居然没断过。更让她不可思议的是，她弟弟又开了一家石棉瓦厂。都说石棉瓦要被淘汰了，但这么多年过去，怎么弟弟的厂还没倒？虽然自家的生意还算不错，但小张还是很焦虑：这个行业到底能不能持续？拐点会在什么时候突然降临？

每个城市、每个行业都有不为人知的秘密。外面的人看不见，里面的人看不懂。就像长江中的一滴滴水，互相推搡，闹闹嚷嚷，没有一滴水能看清楚自己的命运，但每一滴水都争先恐后地朝前流淌。

这座城市里的企业，一样随着时代的浪潮载沉载浮。

我在新港园区看到了弘盛铜业的厂房。这是有着七十多年历史的老企业大冶有色金属集团投资兴建的标杆企业。它是智能化生产的标杆。铜精矿经过闪速熔炼和闪速吹炼，只需四五秒钟就能变成高品位粗铜，再经过七道工序不断提纯，就可以生产出目前世界上纯度最高的阴极铜。它也是绿色环保的标杆。铜在冶炼的过程中会产生废气、废水和废渣。弘盛铜业利用先进的离子液脱硫法，将烟气中的二氧化硫充分回收，生产出高纯度的浓硫酸，增加了一种新产品。废水经反渗透工艺处理之后可以循环使用。废渣可以提取出金、银、钯、锑等贵金属，最后再送往华新水泥、海螺水泥等厂家，作为骨料[1]生产建材。弘盛铜业之所以落脚在新港园区，是因为这里交通便利——一条四公里长的皮带廊道直通黄石的新港码头。弘盛铜业是一家"大进大出"的企业，每年进口两百万吨铜精矿，三十分钟就能从港口运到厂房，而它每年生产的四十万吨高纯度阴极铜产品，同样是从这里运到江浙沪。

晶芯是由于产业链来到了黄石。这是一家台资公司，专门做晶圆再生业务。晶圆制造过程中需要消耗大量的测试晶圆，每次都用新的，用一次就报废，太可惜了。晶芯可以通过去膜、研磨、抛光等工序，把用过的晶圆恢复如新，既降低成本，又节约资源。晶芯每个月大约生产十万片 12 英寸再生晶圆。这个行业规模不大，只有当整个芯片行业欣欣向荣的时候，它才有足够的业务量。这个行业就像矿井中的金丝雀，它在，就说明整个行业还在。晶芯在黄石，就意味着台资、外资在黄石建立的产业链还在。从生产玻璃纤维布的宏和科技，到生产覆铜板的台光电子，再到生产印刷电路板的沪士电子、欣益兴电子，台资企业在黄石形成了一条完备的电子信息产业链，这是中部地区最大的台资企业产业集群之一。

远方的企业来了，本地的企业也回家了。在大冶湖高新区有一栋造型别致的办公大楼，看起来像一辆新能源汽车。这是融通高科的大楼。融通高科选择黄石，是叶落归根。这家企业的创始人何中林就是黄石人。何中林毕业于位于黄石的湖北理工学院，毕业之后在黄石起重机械总厂工作。2002年，他意识到水气暖智能IC卡将有一波爆发行情，就到北京办公司创业。经过两年技术攻关，又经过苦苦的等待，他终于迎来了机会。两家国企，北京自来水公司和北京电力公司，从他那里采购了一千四百多万张安全芯片，何中林赚到了第一桶金。2016年，何中林又预感到新能源汽车的行情将要爆发，于是转而投身新能源汽车电池领域，专门生产锂电池的正极材料，比如磷酸铁锂。这一次，何中林看到家乡的投资环境越来越好，就把企业迁回了黄石。融通高科成了黄石首家上榜的独角兽企业。

在过去的三四十年里，中国经济增长速度最快的地方是沿海地区。但是，很多沿海城市记忆犹新的只是从落后到兴盛这个阶段，而有些沿海城市已经开始体会经济增速放缓的新阶段。只有黄石这样的内陆城市，才经历过由衰至盛、由盛至衰，再由衰至盛的几度沉浮。这样的城市对历史有更多的感悟。辉煌的历史转眼就成了遗迹，困顿多年之后突然迎来了新的机遇。自上游来的江水流到中游，本以为可以在此地停留，但后浪推着前浪，不走都不行。江水匆匆忙忙地朝前赶路，回过头去，来时经过的峡谷青山，都已笼罩在沉沉的暮霭之中。

5.2 路径依赖性

1874 年的夏天,一位名叫塞缪尔·克莱门斯的美国作家到波士顿旅行。和朋友一起在街上闲逛时,他突然发现一家商店的橱窗里摆了一台新奇的机器,叫打字机。他们好奇地走进店里。店长叫来一个姑娘给他们演示。塞缪尔·克莱门斯掐表计时,发现这姑娘一分钟能打出五十七个单词。这比一般人的书写速度快了不少,手写一分钟大概只能写三十六个单词。

塞缪尔·克莱门斯是那种典型的对新技术产品见一个爱一个的男性顾客,像他们这样的人,一天到晚净往家里搬各种各样的奇怪东西。打字机太不可思议了,塞缪尔·克莱门斯掏出一百五十美元,买了一台。塞缪尔·克莱门斯的笔名是马克·吐温,他是打字机最早的一批用户之一。

买了没几天,马克·吐温就后悔了。他买的打字机只能打大写字母,没法打小写字母。打字机的键敲击纸张,发出"哐当哐当"的巨大噪声,震得人头疼。更让人抓狂的是,由于纸张被挡板遮住，打字机打出来的头四行字是看不到的。你得继续打字，等纸张慢慢上行，才能看出最初打的字有没有拼写错误。就是用这么笨拙的打字机，马克·吐温完成了《密西西比河上》一书的原稿。这是文学史上第一份用打字机打出来的手稿。

马克·吐温买的打字机是雷明顿一号。发明这台机器的是一位报纸编辑——克里斯托弗·莱瑟姆·肖尔斯。他有个合作伙伴叫詹姆斯·邓斯莫尔。肖尔斯想让邓斯莫尔资助他，但邓斯莫尔一个大子儿也不肯出，还逼肖尔斯造出了五十个不一样的样品，每个样品都要有细微的革新。不过，邓斯莫尔帮肖尔斯找到了买家——雷明顿公司。

雷明顿公司创建于1816年，原来是一家卖枪支的军火企业，在美国内战期间发了一笔横财后，开始涉足其他领域，比如缝纫机、农机，甚至马拉的消防车，但亏得多，赚得少。雷明顿的老板对肖尔斯的发明很感兴趣。当时雷明顿在纽约州中部的伊利恩城有一家工厂，正好没活干，不如拿来生产打字机。于是，雷明顿公司从肖尔斯手里买下打字机的独家生产权，并在1874年推出了第一批商用的打字机。

肖尔斯的打字机是把铅字模安装在一根根又细又长的连杆上，连杆和按键相连，用手指按下按键，带动连杆向前运动，敲击位于纸张上方的色带，就能在纸上打出字符。纸张固定在滚筒和滑架上，每打一个字符，滚筒就向左边移动，一行行的字就显示出来了。

从来就没有什么新技术，新技术只是旧技术的重新组合。如果把一台打字机拆解开，你会发现，样样零部件都似曾相识。铅字模来源于古老的活字印刷术。连杆借鉴了当时刚刚问世的电传打字机。使用电传打字机的时候，按下某一字符的键，该字符的电码信号就会发出，接收到来自信道的电码信号，就能打印出相应的字符。怎么让滚筒运动起来？原来打字机的底部有一套传动装置：棘轮带动齿轮，从而带动一根带齿的轴一起移动——这来自钟表匠的手艺。按下按键，连杆就向前敲击，这很像弹奏钢琴。肖尔斯这台打字机，很像用别人的器官拼凑出来的一个怪物。

新技术往往不是为了满足需求，恰恰相反，它们经常要想方设法创造出需求。虽然像马克·吐温这样的"先驱用户"愿意尝试新产品，但大众用户还在迟疑。打字机的速度的确比手写更快，但好像也快不到哪里去。况且，当时已经有了速记员，熟练的速记员一分钟可以记录一百三十个单词。雷明顿公司的广告挖空心思，为打字机想出了一个应用场景：在海上坐船，遇到风浪颠簸，没有办法用笔写字，但可以用打字机打字。

大众用户不愿意接受新技术，说到底还是因为价格太贵。一百五十美元在当时可是一大笔钱。根据 1862 年由林肯总统签署的《宅地法》，用两百美元可以买到一百六十英亩土地。1908 年福特公司推出的 T 型汽车，售价是八百五十美元。但是，新产品的价格很快就会下降。一旦新技术问世，马上就会引来竞争对手。

到 1890 年，美国已经有了二十多家生产打字机的企业。觊觎这个新市场的竞争对手会模仿甚至抄袭先行者的产品，并且想方设法把价格压低。雷明顿的竞争对手美国书写机器公司就是这么干的。美国书写机器公司推出了卡里格拉菲（Caligraph）打字机，相当于低配版的雷明顿打字机。雷明顿不服气，向美国书写机器公司发出挑战：有种就来公开比试比试，看看谁的产品更好用。美国书写机器公司不甘示弱，派出了自己最好的打字员，却在这场竞赛中惨败。

真正的对手不在面前，而在身后。一位原本在美国书写机器公司工作的设计师——弗朗茨·瓦格纳改良了打字机，解决了"盲打"的问题，让打字员可以看见打出来的字。一家叫安德伍德的企业买走了这个专利。安德伍德原本是雷明顿的供应商，专门向雷明顿提供色带。后来，雷明顿要自己生产色带，安德伍德走投无路，索性也来生产打字机。安德伍德的这款新产品大获成功，就连雷明顿和美国书写机器公司也不得不紧随其后，推出了类似的产品。先行者被迫向后来者学习。安德伍德后来居上，一骑绝尘。到了 1920 年，其销量已经是其他打字机厂商销量的总和。

但即使是安德伍德，一样用的是雷明顿的键盘布局，也就是我们熟悉的 QWERTY 键盘[2]。肖尔斯在报社工作过，当然知道排字工人的习惯——有些字母用得多，比如 A、E、I，有些字母用得少，所以字母的摆放会按照使用频率，用得最多的摆在最顺手的地方。那为什么 A 和 I 在打字机键盘上的位置都很偏呢？原来，打字机刚刚问世的时候，打字员上手很快，打字速度不断提高，但打字机的速度跟不上，邻近的两根连杆很容易纠缠在一起。所以，肖尔斯在设计键盘时，就故意把使用频率相近的字母错开摆放，比如把 A 放在左边、I 放在右边。

但是，打字机一直在改进，早期的这种问题很快就被解决了，为什么键盘布局还是不改呢？是没有其他选项吗？不是。美国人奥古斯特·德沃夏克在 20 世纪 30 年代设计的键盘，据称比 QWERTY 更有效率。德沃夏克键盘更注意平衡左右手，分别设计了左手键盘和右手键盘。QWERTY 键盘把常见的字母放在上边一排，而德沃夏克键盘则把它们集中放在中间一排。根据《吉尼斯世界纪录大全》的记载，芭芭拉·布莱克本曾经保持了十六年之久的"世界上打字最快的人"纪录，平均一分钟能打七百五十个字母。她用的就是德沃夏克键盘。

经济学家保罗·大卫专门研究了这个问题。他说，如果只是依靠市场竞争，最终未必是最优者胜出。先行者往往会抢占优势，挡住后来者的路，后来者只能追随其后。由于用户熟悉了 QWERTY 键盘，再切换到其他键盘布局太过麻烦，所以相对低效的先行者依然会霸占市场。再看后续的故事，你会发现，之后出现的新技术居然都是这种先行者的后代。比如，如今没人用打字机了，大家都用个人电脑，但电脑上的键盘还是 QWERTY 布局。

你一眼就能猜出它的祖先是谁。

QWERTY 键盘是少有的既有经济学家研究，又常被进化论学者提及的案例。人们总是觉得创新就是以旧换新，抛弃过时落伍的旧东西，才能接纳新鲜靓丽的新东西。但技术的演化、产业的演化，甚至文明的演化，都不是以旧换新，而是修修补补。首先去看仓库里还有什么零部件，再琢磨一下用这些零部件重新组合能捣鼓出来什么新玩意儿。灵感往往来自对别人的借鉴，但动手落实方案的过程中，遇到的约束大多来自自家仓库里的库存。没有锤子就用斧头，没有机器就用更多的人工。绝大部分能用来创新的东西都在你自己的仓库里，只是可能早已被扔进了垃圾堆，多年无人问津。在修修补补的过程中，旧事物的奇特组合创造出新事物，新事物又成为下一步创新的素材。

这个案例提醒我们，你走过的道路很重要。你就是你走过的道路的产物。别人走过的道路又会影响你走过的道路。于是，就有了交叉小径。

5.3 斯瑞新材

王文斌出生于山西运城临猗县南赵村的一个农村家庭，1987年考入西安交通大学金属材料及热处理专业。毕业之后，王文斌被分配到西安华山机械制造厂上班。1995年，王文斌出来创业，创办了斯瑞新材。与其说是野心，不如说是命运。20世纪90年代，国有企业的日子过得很困难。同事们八仙过海，各显其能，有本事出去赚钱的都走了。斯瑞这个名字起得浑浑噩噩。王文斌原本想的是"斯普瑞"，也就是英文"Spring"（春天）的音译。这么普通的名字，当然早就被人注册了。工商局的同志帮王文斌选相近的名字，发现斯瑞还没人用——那就叫斯瑞吧。

回想起创业之初的经历，王文斌很感慨："巧得很，我正好和隆基绿能的创始人李振国同年下海，而且我们最初都在西安理工大学创业。"当时，王文斌在西安理工大学的一个实验室里试炼合金，李振国在西安理工大学的校办工厂帮助建单晶生产线。李振国把设备研制出来了，用它干什么呢？当时有两条路可选。一条路是进入半导体行业，另外一条路是进入光伏行业。李振国选择了第二条。多年之后，隆基绿能成了光伏行业的龙头企业，2021年市值最高时曾超过五千亿元。斯瑞新材2022年也在上海证券交易所科创板上市了，市值在七十五亿元左右。王文斌笑着说："看看人家，再看看我们。果然是男怕入错行啊。"

大有大的难处。2024年是光伏行业绝境求生的一年。从2023年下半年起，硅料、硅片、电池、组件的价格均已跌去一半左右，产业链上各环节的价格均创历史新低。龙头企业纷纷由盈转亏。隆基绿能2023年上半年盈利九十二亿元，2024年上半年亏损五十二亿元，同比下跌约157%，其市值已从五千亿元跌至一千四百亿元左右。TCL中环、协鑫和晶澳也出现大幅亏损。《财新周刊》报道称："此轮产业链价格下跌之深、亏损波及之广，光伏史上罕见。"[3]

相比隆基绿能，斯瑞新材确实只能算是一个小企业。如果说隆基绿能是在万人体育场开演唱会的明星，斯瑞新材就只能算是酒吧驻场的歌手。但是，小有小的好处，稳定。王文斌说："这些年我没觉得有什么高潮和低谷，一直都挺顺的。"

斯瑞是躲在细分领域里的隐形冠军，专注于生产铜合金材料。

斯瑞遇到的第一个机会是电网改造。20世纪90年代后期，中国的电力行业进入了一个狂飙突进的年代。就在几年前，很多人还预判不缺电了，但工业化和城市化的发展速度却远超人们意料，电突然不够用了。中国的经济地理布局又极为特殊，用电多的在东部地区，发电多的在西部地区，于是，在辽阔的国土上，形成了纵横交错的特高压电网。

特高压电网需要高压真空开关，其触头材料一般是铜铬合金。铜具有高导电和高导热性能，但不耐熔焊，机械强度较低。铬具有更高的熔点和较强的吸气能力，如果在铜中添加铬，就能使合金材料具有良好的抗电弧烧蚀性、较高的耐电压强度、较强的开断电流能力和良好的抗熔焊性能。斯瑞生逢其时，刚刚成立就迎来了第一波红利。它生产的中高压真空开关的触头，解决了进口依赖的问题，拿到了特高压电网的订单。

斯瑞遇到的第二个机会是高铁建设。这又是一个极具中国特色的行业。恰逢20世纪末21世纪初，强劲的经济增长带来财政收入的大幅增加，政府雄心勃勃投入巨资搞大基建，大规模基建反过来又拉动了投资和增长。

发展高铁不仅需要大规模的投入，还需要一系列的技术攻关。牵引电机是轨道交通车辆的心脏，由定子和转子两部分组成。转子铁芯的槽内又镶嵌了转子导条，由多根导条和两个端环组成技术人员常说的"鼠笼"。应用在高铁上的牵引电机功率大、转矩大、转速高、启动频繁，转子温度高达两三百度，因此需要采用高强度、高导电和高导热的高性能铜合金材料。

斯瑞一开始是给国内的高铁大户中车集团做产品开发的。中车说，你给我们开发出来了，要优先保证我们的供应，别让老外抢走我们的订单。说者无心，听者有意。斯瑞从来没想过国外也有高铁：它们也会用到我们的产品？斯瑞马上就到国外市场上找客户，发现国外市场确实很大。斯瑞在美国和法国都拿到了订单。通用电气、西屋制动、阿尔斯通、庞巴迪等全球主要轨道交通设备制造商都变成了它的客户。一开始，斯瑞以为这就是一锤子买卖：铁路修完就不用再修了，谁还用得着我们？没想到，电机上用的铜铬合金材料是个耗材。新修的时候要用，维修的时候也要用，订单不断增长，比电力的增速还快。2024年，斯瑞的小伙子去德国汉诺威参展，顺便跑了一趟欧洲的市场，回来向王文斌报告了一个好消息：欧洲的铁路系统到了要翻新的时候，整个市场的增长都很快，又可以大干一场了。

斯瑞遇到的第三个机会是医疗设备更新。CT 和 DR 球管是医疗影像设备中的 X 射线发射源，过去，中国企业一直依赖通用电气、西门子、飞利浦等跨国公司。2015 年，斯瑞开始协助西门子在无锡 X 射线产品公司进行球管零组件国产化技术攻关，成为西门子在金属管壳组件和转子组件领域的唯一本土供应商。2018 年，斯瑞开始为西门子、西部超导等国外企业供货。刚把这条路蹚出来，就遇到新冠疫情暴发，一个意想不到的结果是医疗设备订单大增。王文斌说："我们稀里糊涂地又被拉到产业链里去了。"

斯瑞是个典型的守株待兔型企业，从来不打游击，只坚守自己的阵地，但别人总会送机会上门。斯瑞自称干的都是端茶倒水的杂活。虽然赶上了几拨风口，但每个风口行业能给斯瑞提供的市场规模都不大，了不起就是十亿元左右。不过，回头去看，王文斌的心得是，恰恰是因为选择了窄赛道，才避免了残酷竞争。窄赛道需要一定的技术条件，太小的企业进不来。窄赛道没有太大的市场空间，大企业没兴趣凑热闹。王文斌发现，外面那些竞争激烈的宽赛道反而没有利润。他说："我们有个经验，毛利率不到一定程度就没有创新，而且生命周期太短。"

王文斌并不是一开始就专注一业的。他也干过别的，踩了不少坑。创业之初，王文斌的策略是看什么好做又赚钱，就做什么。他办过一个纸杯厂，最终放弃了；后来又跟风去做新能源汽车的电池，赔了两千万元。王文斌说："最后我发现，自己学的是材料，只有做材料才能成功。"不要害怕机会稍纵即逝。一扇门关上了，另外一个地方又会打开一扇门。耐心等待半年一年，机会就来了。

可是，守株待兔并非永远都是最好的策略。策略本身没有变，实施策略的企业也没有变，但外部环境变了，于是，守株待兔这样一种看起来很迂腐的策略，才有了用武之地。王文斌最近几年经常遇到一些让他觉得惊讶的新趋势。比如，有一家很大的供应商，过去想联系上得请客送礼看脸色，想拿订单就像是要饭一样，全靠人家施舍。如今，这家大企业主动来找斯瑞，想共同开发更尖端的新材料。原来，大企业的日子也不好过了。过去轻轻松松就能赚到的钱，现在得打起十二分的精神。大企业的钱好赚时，斯瑞的钱不好赚。大企业说，我干吗要用你的产品，你的产品质量虽好，但价格更贵，我去用别人的低价产品不好吗？大企业的钱不好赚了，斯瑞的钱才好赚。大企业说，我得和别人竞争，零部件要用最好的，但又不能是最贵的，看来看去，还是你的性价比更高，我还是跟你合作吧。王文斌还发现，他们有一款产品，居然只有一个客户，是一家最能赚钱的互联网巨头。巨头那么有钱，干吗不自己做呢？因为巨头也要节约成本。从专业的企业那里定制，省心省钱，何乐而不为呢？

原来重要的并不是你的努力，而是你的伙伴。就像上游的水推着中游的水流到下游，那些领头的企业也在不断推动行业的进步。跟着行业里的领头企业，不仅仅能拿到源源不断的订单，而且能站在巨人的肩膀上看世界，格局因此也打开了。提出问题比解答问题更重要。找到那些能提出前沿问题的伙伴，你距离成功就更近了。

你可能会担心，这些问题太难了，我解答不出来怎么办？好办，多找些伙伴。或许你会发现，在一个行业里打破脑袋也想不出来的解决办法，在另一个行业里却是每天都在干的日常操作。

5.4 蓝箭

2015年10月，一位叫张晖的西安投资人在他的办公室里接待了几个年轻人。年轻人们说自己刚成立了一家公司，想做火箭。什么时候成立的？大概三个月以前。为首的小伙子叫张昌武。一打听，他并不是火箭工程师，以前是干金融的。张晖说，那就说说看，你们打算怎么做火箭？这几个年轻人显然没有做好准备，他们来西安出差，本来是要和西安的同行交流，顺带着约几个投资人聊聊，抱的是试试看的态度，所以连PPT都没做，拿了打印的四张A4纸，写了他们的背景、思路和工作计划，就来找张晖了。等他们说完之后，张晖说，行了，听明白了，我投你们。

要投，总要有个估值的依据吧？可是，这是个初创企业，什么像样的财务数据都没有。张晖说，要不这么着，四页纸，一页一个亿。那几个年轻人说，早知道我们多写几页了。张晖笑了笑说，你们写得再多，还是这四个亿。

就这样，张晖成了这家民营航天企业最早的投资人之一。这家企业叫蓝箭，现在已经成了中国民营航天企业中的翘楚。2018年8月，蓝箭自主研制的朱雀一号运载火箭总装完毕。当年10月27日，朱雀一号首飞，距离入轨最后十五秒，第三级箭体飞行姿态出现异常，导致其运载的卫星没能进入预定轨道。2023年7月12日，朱雀二号遥二运载火箭发射成功。2024年9月11日，朱雀三号VTVL-1试验箭成功完成十公里级垂直起降返回飞行试验。蓝箭距离它的商业发射梦想越来越近了。

我问张晖："你第一次见到蓝箭的团队，对他们毫无了解，怎么就敢投他们呢？"

张晖说："我之所以会投这家民营航天企业，当然不是因为那四页A4纸，而是因为基础条件具备了，只要是真正干事情的团队，最终一定是能干出来的。"

什么基础条件呢？第一，政策的支持；第二，团队的商业思路；第三，造火箭的技术基础。

从政策环境来看，从2014年开始，政府就一直鼓励和支持民用航天。这是因为航天是具有战略重要性的行业。目前的格局是美国第一，中国第二，别的国家都是第三梯队。要想保住这个第二名，并力争缩小和第一名的差距，需要体制内的国家队，也需要更多的民营企业一起努力。

从商业思路来看，也是非常清晰的。这得感谢埃隆·马斯克。马斯克已经蹚出了一条路，大家跟着走就行了。马斯克干的是商业航天，那就必须计算成本。为了降低成本，马斯克提出了一个大胆的想法——实现火箭的可回收。这个目标一旦确定，技术路径就很清晰了。比如说，要想实现可回收，就要使用液体燃料。蓝箭紧跟在马斯克的后面，也是采用液体燃料，也是研究火箭可回收。

为什么非要跟在别人后面，不能自己开辟一条新路吗？事实上，做追随者是一种明智的策略选择。先行者会遇到很多未知因素，这会增加试错的成本。追随者其实是在"搭便车"。有人跑在前面不可怕，这说明没有跑错路。怕就怕只有自己一个人在跑，这样就会心里发毛，万一跑错方向，就要在无人地带迷路了。所以，正是因为前面有赶超的目标，中国民用航天的成功概率才提高了。

这两个条件都具备了，就要看造火箭的企业有没有真本事，能不能把火箭造出来了。有一个词叫"火箭科学"，用来指代那些看起来特别高深、特别复杂的技术。但在真正的火箭科学家看来，这个行业一点也不神秘。

说起来，火箭科学原理没有那么难。怎么才能让火箭上天？这背后的基础科学是力学，要计算火箭的速度、飞行角度和运行轨道。造火箭用什么材料？以前的火箭会用钛合金、铝合金，还有碳纤维，但造价都很贵。埃隆·马斯克想了个办法，他用不锈钢造火箭，就是我们家里的水盆、热水器，甚至饭盒、勺子常用的那种不锈钢。火箭的燃料用什么？埃隆·马斯克的SpaceX、贝索斯的蓝色起源，都在研发液氧甲烷火箭。液氧就是液体氧气。炼钢的时候会有一道吹液氧的工序，去除钢的杂质。生产化肥的时候也会用到液氧。医院里有时候需要让病人吸氧，用的也是液氧。甲烷你就更熟悉了，天然气的主要成分就是甲烷。家里供暖、做饭用的燃气灶，都会用到天然气，还有一些公交车、卡车会用甲烷做燃料。

既然火箭科学没有多么神秘，造火箭怎么就那么难呢？这是因为造火箭是个系统工程，魔鬼藏在细节里。任何一个环节稍有差错，都可能导致火箭发射失败。航天人常说，只有零分和一百分，只要扣掉一分，就变成零分了。

既然造火箭这么复杂，那中国的民营企业为什么能造出火箭呢？答案也很简单。它们之所以能造出火箭，首先是因为站在前人的肩膀上。中国的航天科技经历了几代人的努力，已经从仿制、自力更生，发展到了前沿创新。其次，中国的民用航天还得益于整个工业体系的配套能力。生产火箭需要各种各样的零部件，火箭企业的供应商来自五湖四海，很多都是长三角、珠三角的民营企业，像西安这样的航天基地，也有不少加工商。

袁宇是蓝箭航天研发中心技术战略部总经理。2018年，他曾被《麻省理工科技评论》评为三十五岁以下的科技创新者代表。

他和同事共同研发的十吨级液氧甲烷发动机推力室，从设计到生产完成，只用了一百天时间，而传统工艺则需用时一年左右。他们后来研发的百吨级液氧甲烷发动机推力室，与传统工艺相比，重量轻 1/4，生产周期缩短一年以上，制造成本仅为其 1/3，并且可以重复使用二十次以上。

袁宇并不是那种一天到晚躲在实验室里不出门的工程师，他喜欢到处跑、到处看。蓝箭的研发速度这么快，有很多都是"搬救兵"的结果。他们会和供应商一起解决技术难题。袁宇感慨地说，我们苦思冥想也想不出来，人家不知都干了多少年。

以火箭发动机喷管的焊接为例。火箭发动机长得很像一位身材颀长的少女，少女的裙摆就是所谓的喷管。火箭发射和飞行时，经过喷管的燃气温度在 1000~3000 摄氏度。每平方米能让人感受到的热量与太阳表面非常接近。人类目前掌握的耐高温金属材料均无法承受。怎么办？液体火箭发动机会将喷管的结构做成夹层，从横截面看，就像是一块蜂巢板，中间流淌的是"冰"，外面承受的是"火"。怎样才能保证夹层的牢固度呢？方法就是焊接。喷管壁的厚度往往不到一毫米，还要抵御焊接造成的变形。但凡有一点点裂缝或者气泡，就会造成火箭在飞行过程中喷管损毁，因此对焊接质量提出了非常高的要求。在体制内的"国家队"，这个活儿是工人手工干的。能干这活儿的可不是一般人。中央电视台在《大国工匠》这部纪录片中，就特意介绍了火箭"心脏"焊接第一人高凤林,他负责焊接了长征三号甲系列运载火箭、长征五号运载火箭的氢氧发动机喷管。

蓝箭是一家新成立的民营企业,资金不足,也找不到顶级的焊工,那就只好另辟蹊径。袁宇作为技术负责人,尝试了各种方法,都觉得行不通。一次出差途中,他忽然想起,瑞典曾经开发了一项激光焊技术。不然,我们也试试激光焊?他们先找了几家做激光焊的企业,但人家一听就说,太难了,干不了。袁宇被逼急了,心想,中国激光技术最好的是大族激光,不如直接去找他们吧。

大族激光的总工程师陈根余接待了他们。听完蓝箭的需求,陈根余很有信心地说:"在我们做激光焊的人看来,这个东西没有什么太高深的难度。"这让袁宇吃下了一颗特别大的定心丸。激光的优势在于它能穿透金属,焊接的热输入很小,只要保证喷管里层、外层严丝合缝地贴在一起,用激光焊完就不会变形。大族激光说,你们负责装配精度,我们负责焊接质量。

难题又到了袁宇的手上。发动机的喷管像大钟一样是曲面,而且内外壁都特别薄,就像两张软塌塌的纸。在机床上加工的时候,好容易对齐了,一旦取下来又会变形,精度就不够了。第一次用激光焊焊喷管,效果并不理想——激光穿透了外壁,但内壁不在指定的位置上,熔化的金属就流走了。这可怎么办?袁宇一边摸索,一边总结经验。他忽然发现,以前的思路错了。喷管上一共有七百五十条焊缝,蓝箭以前的思路是先把不好焊的焊完,再去焊容易焊的,就像吃甘蔗,先从不甜的一头吃起,然后越吃越甜。这是不对的。正确的方法是反过来,先焊容易焊的,这些焊好的地方就会收缩,把外壁紧紧地包裹在内壁上,于是,那些一开始不好焊的地方也就容易焊了。

工艺技术搞定了,大族激光按照蓝箭的要求,生产了一套由机器人操作的激光焊接工作站,不仅可以焊接喷管,还能用于各类不锈钢、高温合金、铜合金、铝合金、铜-钢异种金属、高温合金-不锈钢异种金属的焊接。

大族激光花了多长时间生产这套设备?袁宇说,也就不到八个月。这是一台大型的非标定制设备,你可以把生产过程想象成在电脑市场里"攒机",零部件都有,按照想要的规格组装起来就行。机器人、冷水机、焊接枪头,都是现成的货架产品。唯一卡进度的是一个需要进口的 8000 瓦激光光源,办手续耽误了时间。袁宇说:"不然四个月就能做出来了。"

让袁宇佩服的不只是大族激光这样的龙头企业,还有一些深藏不露的民营企业。火箭发动机要用到燃料喷嘴,由于要求的精度高,所以很贵,一个喷嘴要几百元,甚至上千元。随着火箭发动机的生产批量逐步增加,需要的喷嘴数量可能会达到上万个。能不能找一家专门做精密零部件的企业,利用其大规模生产的优势把喷嘴的成本降下来?

说找就找。袁宇在百度上搜索，搜出来的第一个是一家从未听说过的企业，工厂在江西鹰潭。这原本是一家钟表厂，专门生产钟表里面的齿轮等小部件。后来，钟表生意越来越少，它就改行给别的行业生产精密零部件。不少手机、无人机、医疗设备、光通信企业，都是它的客户。袁宇打了一通电话过去，告诉对方，我们是做火箭的，想让你们帮忙生产这样一种零件，你看看大概多少钱。他把图纸发给对方，对方当天就给了回复，说，哎呀，你们这个东西有点难，所以我先报一个贵一点的价格给你。

袁宇一看，是原来价格的 1/10。袁宇乐坏了，拉着同事就到了鹰潭，想看看这家企业到底有什么神通。到了一看，他才发现，这家企业不仅能把生产喷嘴的成本压低，还能大幅度提高产能。用传统的加工工艺，一天只能生产十几个喷嘴，但这家企业用上了自动化设备，一天能生产几千个。不仅产能可以提高，精度也能提高。用加工手机零部件的设备去加工火箭零部件，精度会有量级上的提高。

欢迎来到中国制造业的魔幻世界。

5.5 交叉小径

在这几年的调研中,我看到一批城市经历了穿越峡谷的过程,正在一步一步向上攀登。西安、武汉、长沙、沈阳,都曾是历史上的核心城市,能够以一城之力带动四方经济,甚至辐射全国。它们既有悠久的历史传统,又有深厚的产业基础,几度浮沉,风骨犹在。合肥、郑州、呼和浩特,都是新兴的省会或首府城市,日积月累,教育、医疗等公共资源大体齐备,蓄势已久,只待东风。包头、黄石、景德镇,各有各的产业优势,即使在最落寞的时候也不曾丢弃,虽已被人遗忘,犹可孤芳自赏。

一个城市的历史究竟意味着什么?我们先要看到,地理是舞台,历史是舞台上表演的剧目。一个城市的地理环境决定了它的产业基础、它和其他城市的联系,甚至当地人的文化和性格。这就像地壳的运动改变了大地的形状。但是,在这座城市居住的人不断地流动和变换,有的时候人口流出,有的时候人口流入。这就像风雨能一点一滴地改变地貌。那些能够在一地长居数年的人,一方面将受到本地传统的影响,另一方面又会把新的事物带进来。三线工厂的工人、上山下乡的知青、外出打工的农民工,莫不如此。在地理的舞台上,一代又一代人尝试应对彼时彼地的挑战,实现了一个又一个看似不可能实现的目标。人类的造物堪称奇迹,但对这些奇迹最不在意的恰恰又是人类自己。建成,然后放弃。创造,然后破坏。历史就这样一边前进,一边丢失。但是,就像已经颓圮的房子还能留下地基,已经长满青草的小径依然隐约可辨一样,一个城市过去的历史,总会以或显或隐的方式影响它的现在和未来。

一批内陆城市之所以会有精细制造业的基础,是因为在新中国成立之后,尤其是在计划体制时期,国家在全国范围内进行了工业生产布局。那个时候,打下这些工业基础费尽了千辛万苦,而到了对外开放时代,这些老旧企业似乎都到了濒临淘汰的地步。但是,如今我们却能看到,当年打下的地基很重要。要发展一个产业,以前有没有经验、有没有自己动手做过很重要。哪怕你做得不够好,但做过和没做过就是不一样。到了合适的时候,积攒的这些经验就用得上了。在这些老工业基地,能涌现出一批工程师、技术员出身的企业家,能找到熟练的制造业工人,能遇到懂工业的官员。于是,当机遇来了,它们就能再度崛起。

今天的幸运,乃是历史的馈赠。

在这几年的调研中，我看到一批新型的企业家已经崛起，他们和我过去见过的企业家大不一样。过去，我见过互联网行业的企业家，他们大多有过留学的经历，才思敏捷，天马行空，视野国际化。我见过房地产行业的企业家，他们一半是商人，一半是政治家，纵横捭阖，关心大势，善于乾坤挪移。我见过江浙一带乡镇企业出身的企业家，他们吃苦耐劳，行事低调，一丝不苟。我也见过潮汕一带的家族企业老板，他们洞察人性，敢作敢为，特别喜欢抱团。但这几年，我见到了另一种类型的企业家，他们大多是做技术出身，深藏在一个细分赛道，对技术痴迷，木讷，不爱社交，不喜欢抛头露面。离开了熟悉的领域，他们往往对其他事物既不了解，也不关心。他们有明显的优点，又有明显的缺点。他们往往会更强调研发，对管理却不太擅长。买设备的时候，他们舍得花钱，要买就买最先进的，却宁可让工厂的院子里长草，不是没有钱打理，而是他们觉得没必要。有时候，他们的优点反而会成为缺点。比如，他们大多性格耿直，不肯低头，但在讲究圆滑变通的商业世界里，他们的这种固执会显得有些迂腐。坦率地说，在过去那个野蛮生长的年代，怕是没有他们的机会；在未来那个终将尘埃落定的年代，适合他们的职位也许应该是研发部主管；只有在当下的过渡时期，他们才生逢其时。

北京大学的周其仁教授讲过一个故事。当年，周其仁到东北的完达山插队，跟着一位猎人师傅在深山老林里打猎。他吃惊地发现，猎人师傅什么都会干。肥皂，自己做；子弹，也自己做。周其仁想到了自己在上海的父母，虽然都是知识分子，但除了读书，他们别的都不会干。为什么乡下的猎人比城里的知识分子还能干？为什么什么都会干的猎人生活得那么穷苦，城里人的日子却过得更好？周其仁解释，这就是专业化分工造成的差异。大山里没有专业化分工，所以一个人必须得什么都会干。城市里的专业化分工程度更高，每个人各司其职，但除了自己这一行，其他领域的知识就退化了。专业化程度越高，社会能创造的财富就越多，人们的生活水平才能提高。

中国经济也是这样。市场经济刚刚出现的时候，商业世界里的专业化分工程度并不高，企业家就得是多面手，头脑灵光，身段柔软，稍有差池就会被淘汰。但如今，中国的制造业生产体系覆盖了从高端到低端、从核心技术到应用技术、从生产到服务的各个环节，分工越来越细，技术水平不断提高。在这样的格局中，一家企业只需要专注于把产品做好，就能找到自己的生态位，于是，我们才能看到更多的企业在细分领域崛起。那些不甘寂寞、跳来跳去的企业家反而不适应这种新的经济生态系统，一时风光之后，很快就销声匿迹了。所以，只有专业化分工演进到一定程度之后，扎根型的企业才有机会。

我们的成功，来自别人的努力。

注 释

1　混凝土及砂浆中起骨架和填充作用的粒状材料。

2　指键盘第一行开头六个字母是 Q、W、E、R、T、Y，是最为广泛使用的键盘布局方式，也被称为全键盘。

3　罗国平、赵煊、范若虹、屈运栩：《光伏寻底》，载《财新周刊》2024 年第 36 期。

6

企业出海的全球新布局

6.1 路线图

很多企业都想出海，但又很迷茫，不知道该进军哪个市场，那我们先来梳理一下企业出海的升级打怪路线图。

从大本营出发，朝南走，会来到一个新手村：东南亚。这个市场对中国商人来说并不陌生。由于地理位置的重要性，东南亚很早就建立了与中国、印度、中东和欧洲的贸易往来。我国沿海地区自古以来就有下南洋的传统：闽南人、广府人、客家人、潮州人和海南人纷纷来到东南亚，开枝散叶。数百年来，华人华侨网络在东南亚盘根错节。这里的风土人情和中国更为相似。越南深受儒家文化影响，泰国佛教盛行；大城府、马六甲、文莱、苏禄和马尼拉都曾是古代中国朝贡体系下的贸易重镇，并借助和中国的贸易往来迅速崛起。许多中国人出国在外吃不惯西餐，但在东南亚却不用担心，这里的美食目不暇给，与中华美食一脉相承。东南亚的人口规模说小不小，说大不大。印度尼西亚有2.8亿人口，菲律宾1.1亿，越南1亿，泰国7000万，马来西亚也有3000

多万。放在全球范围内，这些国家都不算小国，但和中国相比，大概就是一个省或一个区域的规模。这些国家的收入水平不高也不低，大致都在人均年收入几千美元这个区间，而且错落有致。最富裕的是新加坡和文莱，中间是马来西亚、泰国、印度尼西亚、越南和菲律宾，后面跟着柬埔寨、老挝、缅甸和东帝汶。

想出海的中国企业可以先在这里练练手，熟悉一下基本操作，升升级，把血条拉长，准备下一步的探险。和游戏里的新手村一样，你会发现来的人可真不少。东南亚最大的电商平台叫 Shopee（虾皮），它被称为"东南亚的拼多多"。仔细一看，它原来是腾讯海外布局的关键棋子。另一家主要电商平台是 Lazada（来赞达），它被称为"东南亚的天猫"，背靠的恰是阿里巴巴。TikTok 也已进入东南亚，而且声势夺人。有人在美国的超市转了一圈，感慨地说，现在找不到那么多 "Made in China"（中国制造）的衣服了，都是 "Made in Vietnam"（越南制造）、"Made in Cambodia"（柬埔寨制造）。到了东南亚，你会发现，这些衣服很可能是中国服装企业申洲国际在越南或柬埔寨的工厂生产的。江苏的红豆集团到东南亚的时间更早，2008 年就已经到了柬埔寨，并且主导开发建设了西港特区。东南亚一直是日本汽车企业的后花园，大街上跑的都是日本车，但最近两年，电动汽车在东南亚卖得比燃油车更火爆。当然，主要是来自中国的电动汽车。东南亚各国不仅想买电动汽车，还想自己造车，于是，一批中国车企，比如比亚迪、五菱、名爵、长城等，都已过去投资建厂。中国代表团去东南亚访问，向东道主介绍情况，说中国愿意为东南亚输出更多的绿色能源技术。当地官员马上接口说，绿的我们要，黑的我们也要，我们的传统能源也不够，也要补上。

企业出海这个游戏的终极 boss[1] 是美国。美国市场不仅规模大，而且潜力也大。以电商为例，2024 年，全球电商市场的规模预计将接近 6 万亿美元，中国已超过 3 万亿美元，独占一半。美国紧随其后。但是，美国的电商销售额仅为 1.16 万亿美元，只有中国的 1/3 略强。2024 年二季度，美国的电商渗透率只有 19.6%，远低于中国 2023 年的 47%。这是一个刚刚被唤醒的市场。美国人一向没有线上购物的习惯，都是开着车去超市，一买买齐一周的东西。新冠疫情期间出不了门，美国的消费者不得不改为线上购物。同时，拜登政府为了刺激经济，实施了 1.9 万亿美元的刺激计划，给美国民众发钱，真金白银，打到每家每户的账上。有了钱就要花，需求就起来了。可惜，美国的制造商不争气，接不下这么多的订单，很多订单到了中国企业的手里，商品装在大大小小的包装盒里，如山洪一般涌入美国市场。这是中国跨境电商野蛮生长的时期。

更有意思的是，中国的电商巨头也在这一时期布局美国市场，掀起了惊涛骇浪。2024 年美国的五大电商平台，亚马逊独占鳌头，eBay（易贝）位居第二，Temu 和 TikTok Shop 预计将超过沃尔玛，位居第三和第四。Temu 是拼多多旗下的跨境电商平台，TikTok 是抖音集团旗下的短视频社交平台，TikTok Shop 是它的跨境电商平台。除了这两家，同样来自中国的 SHEIN（希音）也不可小觑。

希音来得最早。2012 年，希音就已经进入美国市场。亚马逊虽然是个巨无霸型的电商平台，却搞不定女装。女装需求千奇百怪，说变就变。做女装生意，库存率通常达到 40%～50%，差不多一半的货都积压在仓库里。希音瞄准这个机会，贴身肉搏。它的打法是"小单快反"，每天能发 7000 种新款，每款 100～200 件就可以起订，快速迭代，善于制造爆品。希音的根据地在广州番禺，这里有大大小小上千家服装工厂，和希音同进同退，并肩作战。

2017 年，TikTok 进入美国，到了 2024 年，其美国用户已达 1.7 亿人。2023 年 9 月，TikTok Shop 上线。据统计，1/3 的美国人在该平台上购买过产品。年轻的 Z 世代[2]更喜欢这个平台自带的社交属性，他们当中有 56% 用过 TikTok Shop。这里的购物体验跟其他地方不一样，你能见到各种各样的达人、创作者，还有形形色色的热门话题，热闹得很。

Temu 来得较晚，2022 年才正式亮相，但来势汹汹。它通过大规模补贴来吸引用户。只要能拉 5 个人注册 Temu，你就能得到 20 美元的奖励。美国的销售旺季"黑五"期间，Temu 全场 1～3

折，数据线、T 恤、项链等统统都是 1 美元，还有各种新式打法，比如限时特卖、任意 3 件产品免费送，看得美国消费者目瞪口呆。2023 年 2 月的"超级碗"[3] 开幕式上，Temu 豪掷 1400 万美元投放了一条广告，播放了一首极具魔性的歌曲，喊出了"Shop like a Billionaire"（像亿万富翁一样购物）的广告语，给无数美国消费者洗脑。

这三家企业上演了一出美国市场上的"三国演义"。TikTok Shop 背后有庞大的用户基础和先进的算法，很像东吴，兵强马壮、物阜民丰。希音是从销售、供应链管理和物流一路干起来的，更像蜀汉，血统正宗，打法传统。Temu"挟用户以令商家"，有点像曹魏，实力超强却留有后招，咄咄逼人却又深藏不露。2024 年，预计亚马逊的销售额为 3250 亿美元，Temu 为 200 亿～250 亿美元，TikTok Shop 为 150 亿～200 亿美元。看起来差距仍然很大，但按照如此迅猛的进攻势头，如果说哪一天某家电商平台超过了亚马逊，也不是不可能的。这三家企业走到哪里，都会带出一批中国的跨境电商企业，这些跨境电商企业的背后又连着更多的生产企业，浩浩荡荡，奔腾不息。为了鼓励更多的企业进入其生态系统，这三家企业对先到者有补贴和奖励。一位做跨境电商的朋友喜不自禁地告诉我："早期的投流太划算了。投一块钱能赚三十块，在国内投一块钱能赚一块五就很不错了。"

跟热火朝天的美国市场相比，其他的发达经济体，比如欧洲、日本、加拿大和澳大利亚，看起来都波澜不惊。按道理说，欧洲的经济规模并不小。欧盟 27 国，人口一共 4.49 亿，2024 年二季度 GDP 达 4.4 万亿美元，虽然不及美国，但至少也是全球第二大经济体。不过，和美国相比，欧洲最大的问题是四分五裂，难以形成一个统一的大市场。语言不一样、文化不一样、国界线还在，各国有各国的政策，这些都会限制出海企业在欧洲快速发展。欧洲的消费者生活在过去的荣光中，总有一种挥之不去的优越感，对国外的产品看不上眼。不要说中国产品，就连美国产品和日本产品，一样在欧洲不受待见。他们会说，我是法国人，干吗要买美国货？

日元贬值之后，去日本考察和旅游的中国人多了。不少中国人发现，日本物价便宜，生活安逸，环境又好，经济似乎也在走出低谷，未来应该会有更多的商机。但总体来说，日本市场自成一体、相对封闭，怎么进去，中国企业尚未找到门径。

加拿大和澳大利亚在出海企业的作战图中经常被忽略。这两个国家可能会不服气——自己国土辽阔，怎么着也应该算是大国。但加拿大只有不到 4000 万人口，澳大利亚只有 2600 多万人口。2023 年，加拿大的 GDP 规模在 2.14 万亿美元，澳大利亚则为 1.72 万亿美元，不要说比不过美国的加利福尼亚州和得克萨斯州，就是跟中国各省相比，加拿大也只比广东省略高，而澳大利亚则在广东省之后。加拿大是美国的后花园，中国企业去美国，顺手就可以把加拿大的市场占了。澳大利亚孤悬海外，离哪儿都远。精明的跨境电商会先找主战场，不愿在这些边边角角上过于恋战。这就像狮子扑食，要咬就咬颈动脉。

在企业出海这个游戏中，欧洲、日本、加拿大和澳大利亚都是支线 boss。支线 boss 的剧情可能连着主线上的终极 boss，但也不是非打不可。有的玩家喜欢先一鼓作气拿下终极 boss，再好整以暇地回头收拾支线 boss。有的玩家喜欢先去打支线 boss，攒够实力之后，挑战终极 boss 更有信心。这两种打法，哪一种更好？其实都行，你怎么爽怎么来。

相比之下，企业出海时经常提到的一些新兴市场，比如中东、印度和墨西哥，更像游戏中的精英怪[4]。可别小看精英怪，有的精英怪比 boss 还难打，也有一些精英怪"菜"得很，不堪一击。一般说来，打精英怪掉落的经验值没有打 boss 掉落的那么多。

中东看起来似乎是个好地方。这里的产油国富得流油，而且想搞产业结构升级：基建要搞，新能源也要搞；航运要搞，农业也要搞。这就吸引了一大批中国企业。但是到了中东，你会发现，这里确实钱多，不过中东人虽然热情好客，却也狡猾多疑。更重要的是，你并不是第一个发现新大陆的人。该来的早就来了。欧美企业已经来了上百年，日韩企业也已经来了数十年，印度、巴基斯坦人遍地都是。你本以为能找到蓝海，来到中东才发觉，在这里只能找到红海。

印度是一个让不少中国企业又爱又恨的国家。这里有巨大的人口红利，劳动力数量众多且更年轻。在表面的破败与混乱之下，隐藏着生机勃勃的创业热情。不少中国企业幻想能在这里找到一个庞大的市场，并且凭借先行一步的优势，以摧枯拉朽之势干掉本地的落后企业，但实际并没有那么简单。和所有的大国一样，印度各地区的差异极大。这个国家犹如迷宫，进去容易出来难。这个国家的政策多变，而且容易走极端，既像老人一样世故，又像青年人一样冲动。印度经济学家阿马蒂亚·森形容他的同胞是"爱争辩的印度人"[5]，讲起话来头头是道、滔滔不绝。在我看来，以后，印度才会是那个让美国大吃苦头的国家。中国的特点是敏于行而讷于言，执行力强但吵架不行。中国文化更内敛，不会主动出击。中、印两个文明古国比邻而居，但在历史上，只有印度文化影响过中国，中国文化从未能影响印度。也许终有一天，印度会是在国际舞台上跳起来，和美国争辩什么才是民主、什么才是自由、谁更有发言权的那个话语权挑战者。

有一位朋友去墨西哥考察，兴奋地给工作伙伴发回一张照片。在墨西哥的超市里，摆着一排排的可口可乐。墨西哥人酷爱喝可口可乐，开心的时候喝，不开心的时候也要喝，生了病还要喝可乐当药。一罐三百多毫升的可口可乐在中国卖三块钱左右，在墨西哥要卖到将近十块钱，比中国贵多了。墨西哥人的工资水平比中国低，但他们却毫不在意地大买比中国更贵的可乐。这个地方的人收入不高，但消费不低，有钱就要花掉，而且深受美国市场的影响。在美国卖不掉、卖不完的东西，统统可以拿过来卖。这真是个现成的捡漏机会。可是，先到墨西哥的中国企业会告诉你，这里治安差，黑帮势力猖獗，政策千方百计要保护工人，而工人太懒，不愿干活。问他们什么时候能干完？他们回答：明天。永远都是明天。

尼日利亚记者迪波·法罗尹写过一本书——《非洲不是一个国家》(*Africa Is Not a Country*)。非洲的面积、人口和多样性非常容易被低估。北非、东非、西非、南非，从气候、地理、人种到文化，千差万别。有的非洲国家烽火连天，处于经济破产的边缘；有的非洲国家却一派祥和，经济发疯一般地增长。到了非洲市场，你就像在游戏里发现了一个宝箱。里面藏着什么？打开了才能知道。可能是一丸丹药、几枚金币，也可能是通关必备的神奇道具。

企业出海是一个开放世界的游戏，一开始你可能不适应，不知道该去哪儿，该干什么。慢慢熟悉了，你就会欲罢不能。你可以紧跟主线剧情，也可以先玩支线剧情，甚至可以一直在大地图上探索。哪里都能去，到处都新奇。不管去哪儿，你都会有不一样的经历、不一样的收获。

你只需要记住一点：你的舞台不只是中国，更是全世界。

6.2 出海策略

最近几年，我调研了不少出海的中国企业，有些出去得早，有些刚刚才出去；有些是大企业，有些是小企业甚至个体户；有些在海外做得很成功，也有不少踩了坑。我从它们的经历当中整理出三个策略，分享给想要出海的企业。

第一个策略是寻找反差场景。也就是说，去寻找我能做，但是我不用的那些场景。

这是因为，中国企业一旦出海，就会遇到一个问题：你想出去，别人也想出去，于是，大家在海外市场互相卷，打价格战，最终没有一个企业能赚钱。如何才能避免这样的零和博弈甚至是负和博弈？那就要对需求有自己的洞察，能利用信息不对称找到反差场景。

我们来看在欧美市场卖得比较好的三种产品：清理泳池的机器人、电风扇和脱毛仪。这三种产品有什么共性？

第一个共性是中国企业都造得出来。我们能够造扫地机器人，就可以造清理泳池的机器人。空调都造了那么多，造个电风扇易如反掌。广东顺德、浙江慈溪都是有名的电风扇生产基地。光电类的脱毛仪是一种新型的医美产品，其实生产也不难，有光学、半导体背景的企业很容易把它造出来。一些知名的家电企业，比如奥克斯、美的、康佳，搂草打兔子，顺手就生产了脱毛仪。

第二个共性是这些产品在中国没有太多的需求，但在海外市场有。没多少中国家庭有自己的私人泳池，但全球大约有两千八百万个家庭泳池。落叶、沙尘、藻类都会落进泳池，清理起来费时费力。若是老年人去干，还有不小心掉进去的风险。一家初创企业——星迈创新，就把潜水艇"上浮下沉"的技术用在泳池机器人上，一举拿下了高端泳池机器人85%的市场份额。

中国人买电风扇的不多，是因为从北到南，几乎家家户户都有空调，而且往往既能制冷又能制热。中国的气候特点是夏天特别热，冬天特别冷。英国的利物浦和中国的漠河在同一纬度，但利物浦冬季平均温度约在0摄氏度，漠河1月份的平均温度则在零下30多摄氏度。广州和古巴的哈瓦那纬度相似，但哈瓦那全年皆夏，冬季最低温度9摄氏度，而广州冬季的温度会降到0度。夏天，从哈尔滨到西沙群岛，最热的时候几乎一样热。长江中下游地区尤其闷热无比，在有些地方，35摄氏度以上的高温天气可以长达35天甚至40天以上。没有空调，对大部分中国人来说是无法忍受的。欧洲有很多家庭没装空调，但近几年全球气候变暖，年年夏天都会遇到前所未有的高温天气，有些欧洲人突然发现受不了了，赶紧去买个电风扇。中国的电风扇生产企业又特别会动脑子，除了传统的立式电风扇，又开发出了手持电风扇、挂在脖子上的电风扇、在户外露营或烧烤时能用的电风扇等，应有尽有。

中国人体毛没有西方人那么多，一般用不着脱毛仪，但是西方人时常会有脱毛的需求。老式的脱毛仪不好用，过去人们都是去美容院做激光脱毛，又麻烦又昂贵，可能还不卫生。有了激光脱毛仪，在家里就能收拾妥当，人们自然特别欢迎。

背靠着同样的中国供应链网络，出海企业们在生产能力方面很容易打成平手，要找到反差场景，关键在于对当地需求的洞察。这种洞察来自换位思考和破局思维。所谓"换位思考"，就是把自己放在当地用户的生活场景中，去感知他们的诉求。所谓"破局思维"，就是站在局外人的角度，帮助用户找到一种不一样的、更有效的解决方案。

通过对需求的洞察，可以避免过度竞争，找到"蓝湖"。之所以说是"湖"，是因为这个市场的规模可能没那么大，没办法称之为"蓝海"，但它可能是很多企业出海之后找到的第一个生态位。

第二个策略是全链思维。企业出海的时候，不是一个人出海，要回头看看兄弟们是不是都跟上来了。

想做一家成功的出海企业，需要有团队的支持，不仅需要把东西生产出来、卖出去，还需要对供应链的把控，需要仓储、物流、资本运作，一个都不能少。

举个例子。中国电动汽车行业的产能急剧扩张，除了在国内市场卖，还得开拓海外市场。东南亚、中东、欧洲，都是中国电动汽车企业想去的地方。但是，这些企业在海外卖电动汽车的时候，却遇到一件麻烦事。当然，麻烦事不止这一件。比如，欧盟为了保护本地企业，向中国制造的电动汽车加征关税。但这是意料之中的，意料之外的麻烦事是：车造好了，却运不出去。

运输汽车要用一种专门的货轮，叫滚装船。运输时，要像开车坐渡轮过海一样，把车子开进船舱，到岸后再把车开出来。可是，全球只有七百艘滚装运输船，大多都在日本和韩国的船商手里，只有不到一百艘由中国公司运营，而其中只有大约十艘适合远洋航行。没有滚装船，怎么办？有的车企就用集装箱运电动汽车。但是，集装箱的运费比滚装船贵。这还不算，如果用滚装船运电动汽车，算普通货物，但用集装箱来运，就算危险货物，需要专门订危险货物舱位，审批手续更复杂，时间更长。此外，就算把车装进了集装箱，还会遇到麻烦。中国企业为了能装更多的车，会在集装箱里搭架子，把车固定在架子上。当集装箱坐着船漂洋过海抵达目的地之后，当地的码头工人却没见过这种装货方式，不知道怎么拆，车虽然运到了，却卸不下来。

没办法，中国的车企只好自己造船。比亚迪已经造出了"BYD EXPLORER NO. 1"（开拓者 1 号），总长 199.9 米，宽 38

米，应用最新的双燃料动力技术，最多可以装载七千辆车。未来两年，比亚迪还将有七艘滚装船投入运营。

这个案例告诉我们，企业出海从来都不是一个企业、一个行业单打独斗。任何一个环节出现了短板，都有可能影响全局。生产厂家把东西生产出来了，但找不到用户；跨境电商拿到了订单，但找不到供货商。生产厂家和跨境电商把这些都搞定了，又可能找不到仓库，找不到物流运输。因此，出海企业应该选择生态系统较为成熟的平台，每个环节都找好合作伙伴，锻炼出协同作战能力。这样，打胜仗的概率更高。

第三个策略是本地化。所谓全球化，其实都是在当地的本地化。中国企业出海时经常会有一些误区，比如说，有些中国企业觉得中国人最好用，中国的员工是世界上最勤奋、最听话的，所以要多用中国员工。有一些中国企业觉得老员工特别好用，经验丰富、忠心耿耿。有一些中国企业会说，中国这么复杂的市场我都能搞定，到了东南亚、非洲、拉丁美洲，一定是降维打击。凡是觉得自己有成功经验，想把这些经验原封不动地拿到海外市场的企业，最后十有八九会吃大亏。每一个市场都有其独特的性格，如果想真正了解当地的需求，就要有本地人来帮你与用户进行沟通。

举个例子。中国电商在国内非常热衷于搞直播带货。前有李佳琦、薇娅，后有小杨哥、董宇辉，就连老板们也亲自下场了。直播带货让买家感到更亲切、更直观、更好玩。有的买家受到"饭圈"文化的影响，甚至会像支持偶像一样支持主播。于是，一位做跨境电商的朋友，一到美国就在洛杉矶搞了直播间，一搞就是二十个，还请了当地人做主播，准备大干一场。但是，最终的效果并不好。在美国，好的主播很难找，因为自带流量的主播完全可以在别的平台带货，何必如此高强度地做直播，一坐就是几个小时。就算他们坐得住，也没有人看。美国人不会长时间留在直播间，进来的人少得可怜。一场直播吭哧吭哧搞下来，可能只赚一百美元，有时甚至一美元都赚不了。房租、工资、停车费，各项支出像水一样"哗啦哗啦"地往外流，一个月就得搭进去三十万美元。想不干，不干也不行。刚雇的员工，可不能说辞退就辞退。这位朋友硬撑了半年，亏了两百万美元，一算，一千多万元人民币没了。凭运气挣来的钱，又凭实力亏掉了。

真正管用的办法是做短视频。邀请当地的娱乐主播或行业细分领域的达人，把样品寄给他们，让他们帮忙创作并发布短视频。短视频比统一投放的广告更有效，因为一种产品寄给一百个达人，就有一百种不同的表述，要是有五百个达人，就有五百种不同的表述。同样一台脱毛仪，美东的达人和美西的达人讲述的方式就不一样，密西西比州的达人和怀俄明州的达人讲述的方式也不一样。中国的跨境电商还可以做得更多。一个在西安做跨境电商的朋友告诉我："只要达人们愿意，我们在西安有个几十人的团队,可以帮他们出片子。美国风情、拉美风情,我在西安都能拍。想要什么语言的版本,我立马就能搞定。在美国拍一条短片得花一百五十美元,在西安只需要花七十块人民币。"

一个有意思的现象是,企业出海,尤其是借助跨境电商这种方式出海,交给年轻人去做,往往比让上一代去做效果更好。年轻人更有激情。不少厂二代对父母的工厂不感兴趣,但对做电商情有独钟,因为这个更酷,而且他们和国外的年轻达人更容易沟通。各国的老年人各有各的不同,但全世界的年轻人干的事情都差不多。需要表达、需要创意、需要设计、需要美感的事情,交给年轻人去干准没错,这是他们的强项。

另一个有意思的现象是,企业出海的时候少用精英,多用草根,往往效果更好。不少企业一想到出海,就觉得是件高大上的事情,一定要请专业人才,比如学外语的来干。其实,学外语的未必能讲一口地道的外语,而且很可能不会做销售。一个做跨境电商的朋友聘请了一位外语专业的硕士,结果很快辞职不干了。怎么办?他老婆自告奋勇,自己上。虽然她英语讲得不好,但她很会和用户沟通:"Lady boss, give you low price."直播间的气氛马上活跃了起来。过了一会儿,老板娘的英语卡壳了,但她也不怕:"Who know how to say it in English, tell me."留言区里居然有不少用户自告奋勇当翻译。不用老板娘带货,用户自发地帮忙带货了。

还有一个让我颇为感慨的故事。我一个学生的妹夫在非洲做生意，有一批货死活卖不出去。他在那里待久了，无心恋战，丢下货就回来了。没想到丈母娘不干了。这个大字不识一个的农村老太太一个人去了非洲，两个月之后就学会了用当地语言和人简单交流，连说带比画，雇了两个当地人，居然把这批货卖掉了。

这两个故事给我们一个启发：中国企业有一个强大的优势，就是特别会服务草根用户。当我们够不到上流阶层的用户时，我们不妨放下身段，服务好草根用户。这个世界上，无论在哪个角落，草根永远都是人数最多的，但又是最容易被忽视的。机会就在这里。如果不做自己最擅长做的事情，实在太可惜了。

6.3 大分流

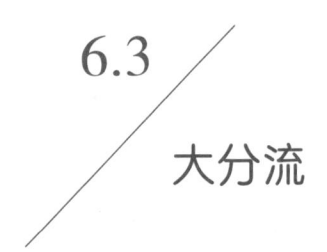

我们在第二章提到了一个猜想：未来，全球化还会回来。出海企业应该把短期的避险需求和长期的战略布局结合起来。但是，我们应该按照什么逻辑去考虑长期的战略布局？或者，换一个角度来问：如果从大历史的角度来看，一国的生产模式和发展道路究竟是如何确定的？

为了回答这个问题，我们来讲一个故事。这个故事讨论的是一个宏大的问题——"李约瑟难题"。

英国化学家李约瑟人到中年，改行研究中国古代科技史，写成了皇皇巨著《中国科学技术史》。他对中国古代的科技成就无比赞叹，但又忍不住问：为什么在15世纪之前，中国的文明在应用自然知识来满足人类实际需求方面比西方文明更有效率？为什么自17世纪伽利略的时代以来，现代科学和工业革命只发生在欧洲，而没有诞生在中国？[6]

关于李约瑟难题，学者们提出了各种解释。有人说是科举制度禁锢了人们的思想,有人说是皇权压制了人们创新,有人说是中国缺乏宗教信仰,有人说是中国没有专利保护制度。这些观点看似都很有道理,但都在隔靴搔痒。

大问题往往会有意想不到的小答案。把李约瑟难题这个复杂的问题简单化,就能找到一个关键答案:煤。

这个答案看似突兀,但别着急,让我们先回到历史的现场。大约在18世纪中期,西方的英国和东方的中国都遇到了一次大考,两国拿到的考题一样:人口数量增加,生存资源不够用,生态环境遇到了极大压力。

在传统的农业社会,最稀缺的资源就是土地。想吃饱,需要种麦种稻,那就需要土地;想穿暖,要种棉种麻,还是需要土地;养牛养羊,需要牧场;做饭取暖,需要燃料,燃料主要来自木材,木材来自林地;盖个房子,同样需要木材,一样要从林地中获取。人口多了,各种欲求随之而生,都从土地中求取,土地资源就不够用了。

按说中国的人口比英国更稠密,所以生态压力应该更大,其实不然,到了18世纪,英国和其他西欧国家反而遇到了更严重的生态危机。

为什么会这样呢?一则看天。西欧气候寒冷,需要更多的燃料取暖。中国的江南、华南地区更加温暖,气候宜人。二则看人。中国人在应对生态压力方面,明显比欧洲人经验更为丰富。和欧洲的壁炉相比，中国的火炉无论是用于烹饪还是取暖，效率都更高。欧洲人没有燃料就直接砍伐森林，中国人则去捡柴火和树叶。更不用说欧洲的土地制度多么混乱、低效，比如，贵族为了养马霸占了大量的土地。

麻烦来了。欧洲总人口在 1750 年到 1850 年大约翻了一番。原本覆盖欧洲的一大片一大片森林，很快就被采伐殆尽。拿破仑时期，木材短缺成为全欧洲普遍面临的严重问题。18 世纪，欧洲燃料价格上涨幅度大大超过了其他物品的价格上涨。穷人家里已经生不起火了。

不得已，欧洲开始用煤替代木材。煤的燃烧效率比木材更高，燃烧一吨煤所产生的热量约为燃烧一吨木材所产生的热量的两倍，但煤会带来烟和气味，用起来并不舒服。不舒服也得用，因为木材价格太高，用不起。

历史就在这里分岔了。煤的分布极不平均。地上能不能种出粮食靠的是力气，地下能不能挖出煤全凭运气。不得不说，英国的运气太好了。英国的煤矿到处都是，遍布英格兰东北地区、中部地区，以及南威尔士和苏格兰中部。英国的煤矿不仅多，而且开采条件好。很多煤矿是露天的，扫开地皮就能挖煤。还有很多煤矿恰好地处河流旁边。在铁路兴起之前，陆地运输要数河运最便宜。谁靠近河边，谁就能发财。更让人羡慕的是，英国的很多煤矿和铁矿扎堆，都在同一个地方。有煤有铁，这些地方后来就成了重工业中心。

剑桥大学教授里格利说："英国在17世纪和18世纪时之所以能够取得引人瞩目的相对成功，部分原因就在于大量使用煤这一特殊优势。"[7] 在17世纪和18世纪，从煤炭的挖掘量来看，其他国家没法和英国相比。1700年，英国年煤炭产量大约是二百五十万吨。据估计，这相当于世界上其他所有国家采煤总量的五倍。1800年，英国的年煤炭产量已经达到一千五百万吨。用煤替代木材，不需要占用林地资源，就能大大节约土地。据里格利测算，使用煤炭代替木材，为英国节约了大概一千五百万亩土地。

有了煤，就有了蒸汽机。最早的蒸汽机臃肿笨重，有一个房间那么大。这么笨重的机器能有什么用？它是用来抽水的。英国的煤矿普遍面临一个问题：越往深处挖，越容易积水。用人力或是马，一桶一桶地往外清除积水，费时费力，而蒸汽机正好就地取材，用的是堆在坑口的煤，一个小时就能抽出一百四十桶水。

有了蒸汽机，就有了火车。把火车拆开，不过是一部蒸汽发动机、一节车厢，车厢下面带轮子，轮子下面有轨道。这些零部件在煤矿就已经备齐了。在煤矿抽水用的是蒸汽机，为了把挖出来的煤运出去，要铺好轨道，轨道上是往返忙碌的推车。只要有那么一个工程师，在煤矿里坐的时间足够长，看到眼前的一切，他总能在冥冥中得到暗示，想出一个把这些旧技术组合起来的点子。瓦特改良的蒸汽机专利期限一结束，工程师理查德·特雷维西克就开始动手设计蒸汽机车。1804年，他造出的蒸汽机车头拉着十吨重的铁，用了五个小时跑了十英里，没有停下来加水。特雷维西克使用的轨道是木头做的，上面钉着一些铁条，原本用来走马拉的大车。[8]

蒸汽机还催生出了工厂制度。蒸汽机带动了其他机器的诞生，传统的手工作坊逐渐演变成最早的工厂。这个伟大的变革在早期是一部工人的血泪史。那时候，工人劳动强度大、工资低，几乎没有福利。黑心的工厂主更喜欢雇用女工和童工。童工灵活，妇女听话，不像成年男子那样容易酗酒闹事，而且还更便宜。条件这么糟糕，为什么还有人愿意进工厂？那是因为实在没有办法。到处都是失地的农民，没有地种，想当个流浪汉都会被关进监狱。英国的农民几乎都目不识丁，也没有一技之长，除了进工厂，他们没有别的出路。

我们再把历史的剧情梳理一下。18世纪，英国的市场环境出现了变化，木材价格上涨，煤更便宜，煤替代了木材。化石燃料的时代来临了。煤催生蒸汽机，蒸汽机催生出火车和工厂。这一切都是偶然出现的。就像打游戏的时候，在一个关卡里绕来绕去，像鬼打墙一样找不到出路，无意中拐了个弯，突然发现了一条隐蔽的道路，走着走着，才知道这不只是一条新的路，更是一张新的地图、一个新的世界。

可是，我们还要再问：英国能行，为什么中国不行？

如果要和英国进行对照，比较合适的地理位置是中国的江南地区。这里是中国最富庶的地方，规模也和英国不相上下。可惜的是，江南地区虽然繁华，但矿产资源稀缺，尤其缺煤。根据孙敬之在《中国经济地理概论》中的统计，江南地区煤炭储量约占全国总储量的 1.8%，东部沿海地区煤炭储量约占 8%。[9] 中国并不缺煤，但煤矿都在遥远的西部。按照最新的统计，煤炭资源最集中的山西、内蒙古、陕西、新疆等四个省和自治区，煤炭储量占全国总储量的 71.87%。

没有煤，没有铁，就没有办法大规模应用机器。英国的铁器制造业在 16 世纪到 17 世纪有了长足的发展，能生产出上千种铁器。当时英国人均使用的铁器数量大约是中国的十倍。中国人并不笨。中国人很久以前就知道大气压力，这正是蒸汽机运用的基本科学原理。与蒸汽机有关的许多关键技术，比如活塞、阀门、皮带传动，在中国出现得比欧洲还早。中国人不是造不出蒸汽机。1862 年，徐寿和华蘅芳在安庆成功地制造出中国第一台蒸汽机，但是，由于江南地区缺煤少铁，蒸汽机没有办法推广。

那就不能把远方的煤运过来吗？很难。走陆路成本太高，走水运又不顺路。中国的河流流向大多是自西至东，很少有贯穿南北的水路。虽然有纵横千里的京杭大运河，但受制于地形，京杭大运河要用水闸一段一段地放水，这就影响了航行效率。大大小小的船只都在运河里堵着。煤炭又是笨重的货物,运输成本超乎想象。在清代,把煤从徐州的煤矿运到运河港口,成本就翻了一番。而在当时的中国西北,煤矿和五十公里之外的河岸,煤的价格居然相差五倍。

山西有煤矿,那怎么没有催生出蒸汽机和火车呢?这是因为英国的煤矿经常积水,为了把水抽干,需要大功率的水泵。中国的西北地区干燥少雨,煤矿中很少积水,反而经常出现自燃。中国需要解决的是通风问题,不需要大功率水泵。

由于资源禀赋不一样,解题思路也不一样。中国的江南地区没有出现欧洲那种工人集中生产的工厂制度,不仅是因为江南缺乏机械和机器,也是因为建造厂房的成本高昂,只能让普通人家望洋兴叹。可是,有失必有得。江南地区虽然缺乏矿产资源,但人力资源却相当丰富,而且是素质较高的劳动力。不仅江南士子学识渊博,就连普通的农夫农妇也大多接受过读写和计算的教育。他们能写能算,心灵手巧。既然自己就能运作一个小型的手工作坊,为什么非要去工厂里听从工厂主的呵斥呢?所以,江南盛行的是独立经营的中小企业。农户从贸易商那里领到订单,回家自己生产,全家动员。据彭慕兰的研究,既纺纱又织布的妇女,收入比男性农民还高,一个成年妇女能养活自己、一个年老的公公或婆婆,外加两三个孩子。[10]从某种意义上说,在工业革命到来之前,中国已经找到了后工业社会的SOHO(居家工作)生产方式。

这就是经济史领域里有名的"大分流"的故事。这个故事颠覆了我们的历史认知。我们曾经以为,经济制度是可以分出优劣的。落后的制度安排阻碍经济发展,先进的制度安排促进经济发展。只要敢于抛弃旧的制度安排,引入新的制度安排,一切都可以迎刃而解。"大分流"的故事告诉我们,制度安排并没有那么重要。且不说很难区分哪一种制度安排更好,就算能评出高下,你也未必用得了别人的制度安排。虽然各国选择的制度安排形态各异,但大家都在忙同样的事情,就是如何才能在既有的资源禀赋条件下,找到一种更适合自己的生产方式。如果能借鉴别人的解题思路,你当然会受到启发,但每个人试卷上的题目都不一样,你没法直接抄别人的答案。到底哪种制度安排更好,通常是学者们热衷讨论的话题。已经躬身入局的微观个体,关心的是更具体的问题。企业家要集齐不同的生产要素,然后找到最佳的组合方式。

循着历史的视角,我们可以看到,全球化涨潮也好,退潮也好,都已不再是企业家需要关心的事情。再怎么折腾,钱总是要赚的吧?有趋势就有机会,有波段就有行情。全球化的退潮只是把牌又洗了一次。不管牌好牌坏,总要接着打下去。企业家们看着手里的牌,心里在想:我手上都有什么牌?还缺什么牌?下一把我该怎么出牌?

6.4 全球新布局

了解了"大分流"的故事，我们就能意识到，从长期来看，中国企业出海的战略布局应该更多地关注经济因素，而非政治因素。更具体地说，中国企业出海的战略任务，是如何按照资源禀赋的变化，找到更合适的生产要素组合方式。

这就要说回最基本的生产要素：一是资本，二是矿产，三是土地，四是劳动力。

资本总是周游世界，是全球化程度最高的生产要素，哪里有利润就去哪里。与国际资本合作，并非难事。矿产资源始终是最具战略性的。在化石燃料时代，财富都流入了中东等产油国，而在新能源时代，会涌现出一批新的战略矿产。当然，并非所有企业都能参与这场角逐，毕竟，这只是少数企业之间的游戏。

土地在什么时候都是最容易保值、升值的资产。不过，在海外投资建厂的企业很快就会发现，国外的土地并不便宜，尤其是没有哪个地方会像中国的地方政府一样，高效而全面地提供基础设施。这是极具中国特色的模式：地方政府以低廉的价格提供工业用地，用工业吸引第三产业，提高住宅商业用地的价格，再拍卖土地获得收益，弥补之前基础设施建设的投资成本。所以，出海企业也不能以占有更多土地为战略核心。

最值得关注的生产要素应该是劳动力。中国制造业崛起的核心秘密，就是数量充足、廉价而优质的劳动力。国外投资者的资本和来自祖国各地的农民工在沿海地区会师，为海外市场生产物美价廉的产品，并带动了中国制造业的提升。

但是，放眼未来，中国制造业即将遇到一个巨大挑战，就是熟练的制造业产业工人将日益短缺。这不仅是因为生育率下降，未来的工作人口增长速度会放缓，还因为愿意进工厂打工的年轻人越来越少。年轻人不喜欢工厂里单调乏味的工作，想要更多的自由。整个经济结构和消费结构也在变化，服务业的比重渐增。年轻人宁可去送外卖，也不想进工厂。提高工人工资、改善工作条件，或是加快生产自动化改造速度，都只能延缓而不能阻止这一趋势。有远见的中国企业必须开始考虑，该去哪里找到一批新的产业工人。

这也是很多出海企业抱怨最多的。他们说，哪儿的工人也不如中国工人好用。在别的国家，工人到点就下班，只有中国工人下班之后还想加班，不让加班还跟你急。加班费更高，他们就是要赚加班费。

是的，今天的中国工人是全世界公认最勤奋、最有纪律性、水平最高的，但别忘了，20 世纪 80 年代，中国刚刚实行改革开放，第一批海外投资者来到中国时，他们对中国工人的印象却是：这些人太懒了。他们的观察是对的。那时的工人大多是国有企业职工，习惯了手捧铁饭碗，当一天和尚撞一天钟，干吗要给资本家卖命？那时候还没有出现农民工。这怎么可能呢？刚刚从地里回来的农民，怎么能一转身就变成工厂里的工人？

想到这样的经历，我们就会明白，如果抛掉刻板印象，我们就能在每一个国家、每一个地方发现当地人的长处和优点。如果用对激励机制，我们就能唤醒人们对改变命运的信心，人们就会产生工作积极性。

中国工人，尤其是女工，以心灵手巧著称。有人甚至说，这是因为西方人吃饭又是刀又是叉，中国人只用一双筷子，自然练出了灵活性。照这么讲，印度人吃饭连筷子也不用，他们的手应该更灵巧。印度以前很少有女工，而现在各地纷纷打开大门，允许女工进入工厂。富士康印度工厂的女性比例甚至高达 90%。在印度钦奈的富士康工厂，女工完成手机安装的速度并不比中国深圳、东莞、昆山的工人慢。值得关注的细节是，很多中国员工在操作时，完成一个步骤后，会放下镊子，整理之后再拾起镊子；而印度女工则会将镊子夹在无名指和小指中间，无须切换，这样就节省了两个动作。

墨西哥工人看似嘻嘻哈哈、大大咧咧，其实干起活来毫不含糊。一位在墨西哥城有工厂的中国企业家说，最热的时候，工厂里的温度高达 40 摄氏度，但所有工人都在车间里大汗淋漓地干活，而且不管机器有多脏，都直接上手去做。他们也有苦中作乐的方法：在车间里大声放音乐，一边工作一边哼歌。还有一位中国企业家说，如果让这些墨西哥工人把螺丝拧到三圈半，他们一定会拧三圈半，而不会拧三圈或者四圈。他们可能缺少灵活性和创造性，但一线操作员工的交付完全没有问题。

6.5 中国人的经济

你来到一个小城市,这里没有什么大企业。你一打听,当地人的收入也不高。但在街上转转,你会发现当地的物价并不低。这么高的物价,这么低的收入,也没有挡住当地人消费,该吃吃,该喝喝,滋润得很。你不禁产生一丝疑惑:为什么会这样?

中国是个流动的国度,很少有人一辈子只待在一个地方。大量的人在外地工作,但老家还有家人,挣的钱要寄回来。这种模式在国际上有一个著名的案例:菲律宾。菲律宾有大量民众在海外打工,从事各种服务业工作,有的当保姆,有的当护工,有的当教师,有的当歌手。他们挣了钱就寄回国内,于是菲律宾就有大量的侨汇收入。同样的模式也出现在中国的沿海地区。大批华人到海外讨生活,远走北美、南美、欧洲和东南亚,但他们仍然惦记着"唐山"[11]老家,不时寄钱回来,修祖屋、盖宗祠。

如果把中国理解成一个迷你版的地球,你就能理解为什么会有那些消费型的小城。这些城市有大量人口外出务工,他们会把钱寄回来，赡养老人、抚养孩子、支援亲友。大城市的房价太贵，打工人买不起，不少务工人员就在家乡的县城里买房。人口流动使得沿海城市和内陆小镇都有了更多的活力。

但是，这样的模式以后很可能会发生较大的改变。愿意进工厂的年轻人越来越少。大量年轻人都涌入服务行业：送外卖、做直播、开网店。这将使那些劳动力密集型的制造业企业难以为继。这些企业生产的大多是廉价的低端产品，本来就已受到关税提高的影响，以后的日子会越来越难。

沿海城市，尤其是以外向型制造业为基础的沿海中小城市，未来会面临严峻的挑战。如果不能把外来人口留下来，这些城市将不可避免地收缩，在收缩的过程中又可能遇到房价下跌、市场萧条、物价上涨等问题。三十年河东，三十年河西。改革开放初期，内陆城市曾一度衰落，未来沿海中小城市很可能会有同样的经历。

有一批制造业企业将继续向内陆转移，依托原有的精细制造基础，靠近更便捷的海陆空运输网络，利用更便宜的能源、土地和劳动力价格，深度嵌入分工日益细化的产业链体系。还有一批制造业企业将移师海外，带着中国的资本、技术和管理经验，和海外的劳动力会师，推动当地的工业化和城市化，并为全球市场提供产品。未来，"中国制造"的产品可能会减少，但全球制造的"中国浓度"会提高。我们观察中国经济的角度会从关注 GDP 转为关注 GNP。GDP 是国内生产总值，衡量的是一个国家境内生产的产品和服务的市场价值总和。GNP 是国民生产总值，衡量的是一个国家的居民和企业生产的产品和服务的市场价值总和。二者的区别是 GDP 是属地原则，GNP 是属人原则。美国企业特斯拉在上海的超级工厂为中国贡献了 GDP，而中国企业的海外收入则会为中国贡献 GNP。也就是说，未来，我们将更多地去观察"中国人的经济"。

这样的产业转移并不会削弱中国制造业的实力。因为制造业绕不开的关键一环就是大规模量产的能力。机缘巧合，中国企业已经把这一能力发挥到了极致。比中国技术水平高的国家没有中国的市场规模大，市场规模大的国家没有完整的工业基础，有完整工业基础的国家灵活创新能力不足。中国在全球化最鼎盛的时期实行了对外开放政策，在发达国家制造业大举外迁的时候接住了这一棒。当其他国家醒悟过来时，机会的窗口已经悄然关闭。在中国之外，再无第二个国家能复制这一经验，替代中国成为新的世界工厂。

未来，中国企业出海将进一步补上中国制造业的短板。中国缺少高端品牌，于是，就有一批高端品牌陆续被中国企业收购。中国缺少细分行业的尖端技术，于是，中国企业开始收购日本、德国的"百年老店"——这些"隐形冠军"的继承人大多不愿意接班，想让自家的技术发扬光大，最好的办法就是和中国企业合作。中国企业既有技术，又有执行力。中国产品价格便宜，质量也不错。不过，中国产品总是缺少一些美感。这是因为上一代中国人还忙着解决温饱问题，属于物质一代，缺乏对美的敏锐感受。新一代年轻人已经完全不一样了，他们在电影、音乐、美术、设计、建筑等领域崭露头角，一出手就是国际水准。渐渐地，他们会让世界看到一个不一样的中国：大气、雄浑、秀丽、温和。"时尚"，将成为新一代中国产品的代名词。

只要根在，出海就不是漂泊，而是英雄成长过程中必不可少的冒险经历。所有的英雄故事都一样，最后的一幕是还乡。成为英雄的标志不是战胜敌人，而是重新发现自我。

注　释

1　boss 意为老板，在游戏中指代强大且难缠的敌方角色。
2　也被称为"互联网世代"，通常指 1997 年至 2012 年出生的一代人。
3　美国国家橄榄球联盟一年一度的总决赛，由美国橄榄球联合会对阵国家橄榄球联合会冠军队。
4　游戏中的敌方角色，比普通怪物要更强大、更难对付，但跟 boss 比起来，战斗难度相对较低。
5　［印度］阿马蒂亚·森：《惯于争鸣的印度人：印度人的历史文化与身份论集》，刘建译，上海三联书店 2007 年版。
6　［英］李约瑟：《中国科学技术史：第一卷 导论》，科学出版社、上海古籍出版社 1990 年版。
7　［英］E. A. 里格利：《延续、偶然与变迁：英国工业革命的特质》，侯琳琳译，浙江大学出版社 2013 年版。
8　［英］罗杰·奥斯本：《钢铁、蒸汽与资本：工业革命的起源》，曹磊译，电子工业出版社 2016 年版。
9　孙敬之：《中国经济地理概论》，商务印书馆 1983 年版。
10　［美］彭慕兰：《大分流：中国、欧洲与现代世界经济的形成》，黄中宪译，北京日报出版社 2021 年版。
11　华侨在海外自称为"唐人"，"唐山"是他们对祖国的称呼。

7

伟大是熬出来的

7.1 起跑点

工作人员已经在催促:"各位选手,赶紧来检录点排队,检查强制装备,比赛马上就要开始了。"可是,我的水袋还没有灌水呢。按我的原定计划,胸前的两个软水袋,左边的装清水,右边的装功能饮料。跑起来出汗多,得及时补充电解质。咦?我随身带的宝矿力粉去哪儿了?我在腰包里摸索着找宝矿力粉,不小心把装好的盐丸和酸轻片带了出来,"哗哗啦啦"掉了一地。我急忙弯腰去捡,背包口袋里放的蛋白棒、坚果棒又掉了出来。旁边一位志愿者姐姐冲我喊:"你的东西掉了!全掉了!"那时,我脸一定红透了,手忙脚乱,狼狈不堪。

灌完水,我又找不到我的伙伴魏巍了。走进男选手的更衣帐篷,里面只剩下他一个人。他还在装自己的背包,地上像摆摊一样,放着能量胶、头灯、护目镜、导航仪、充电宝……他连号码布都没有在背包上挂好。

"快点,来不及了。"我有点着急。

"来得及，来得及。"他头也不抬地说，声音都在颤抖。

下午 4 点，戈壁的阳光依然灼热。没有一丝风。远处的群山威严端庄，脚下的沙砾浮尘把刚下车的每一双鞋都弄得很脏。旗门处聚集着一群兴奋得蹦蹦跳跳的选手，穿得花花绿绿，捂得严严实实。太阳帽，遮阳镜，脖子上围着魔术头巾。有人穿长袖。穿短袖 T 恤的也会戴上袖套。穿压缩长裤的居多。穿短裤的也在膝盖、大腿、小腿上打满了肌贴。每双鞋子都裹着防沙罩——越野鞋赞助商白忙活了。每人都背着一个鼓鼓囊囊的背包，里面装满了各种强制装备：保温毯、急救包、羽绒衣、冲锋衣……选手们打量着别人的装备，心中赞叹：他这个腰包不错，居然能塞进去一件羽绒衣。每个人在着装外面，还要再套一件宽宽大大、像背心一样的号码衣，号码衣上有选手的名字和号码。在赛道上只能靠这个识别每一个人。我的号码衣上写着：何帆 AP400。

也就是说，我是第四百个报名参加 A+ 比赛的选手。

每年，在甘肃瓜州的一片戈壁滩上，都会举行一次"玄奘之路戈壁挑战赛"。比赛以徒步为主。参加的队伍主要来自各个高校的商学院。除了内地的高校，台湾、香港、澳门等地区和新加坡的高校也会参加。2024 年举办的是"戈 19"，也就是第十九届玄奘之路戈壁挑战赛，70 多所院校的 5833 人参加了比赛。每个院校的队伍又分 A 队、B 队和 C 队。A 队是各校跑得最快的选手。每个院校派出 10 名选手，分 3 天比赛，看团队表现，按成绩排位。B 队要用 4 天的时间走完 121 公里，每天晚上到营地安营扎寨，睡在帐篷里，第二天接着赶路。C 队只需要参加第一天的体验日活动，大约走 30 公里，但是，他们会在最后一天提前到达终点，迎接自己的 A 队、B 队队友。

我们参加的 A+ 比赛最为特殊。参赛者以个人名义报名参赛，在 22 个小时之内跑完 121 公里。下午 4 点起跑，从下午跑到日落，从日落跑到天黑，从天黑跑到日出，再从日出跑到正午，跑过黑戈壁、风蚀雅丹、盐碱地、骆驼刺丛、公路、机耕路、古道、涵洞、山路、峡谷和溪流……自导航，自补给，也就是说，一边跑一边自己找路，吃的喝的都要背在身上。全程只有一个换装点，是在离出发点 60 公里的 CP4（第四个打卡点，位于昆仑障，又叫"六工城"）。我们的装备和补给在出发前装进箱子，贴上名字，早早拉了过去。到了 CP4，选手们会打开各自的箱子换装。也只有在这个打卡点，允许亲友团提供私补，也就是私人补给。北大光华管理学院的志愿者在这里建了深夜食堂，给很多 A+ 选手带来了家的温暖。用华南理工大学的 A+ 选手袁廷良的话说，他们端茶送饭，就差喂到你的嘴里了。

参加 A+ 的选手大多跑过 A 队，像我这样没有跑过 A 队的寥寥无几。他们的马拉松成绩大多都已经破 3（即 3 个小时之内完赛），我跑马拉松要 430（即 4 小时 30 分以内完赛）。他们每个月的跑量都在三四百公里，甚至更多，而我在准备期间只有一个月的跑量超过了200公里。他们年轻力壮、血气方刚，而我年过半百、笨手笨脚。我站在他们身边，就像一只短腿的柯基站在一群灵活轻巧的灵缇犬、萨鲁基猎犬、边境牧羊犬和壮硕魁梧的大丹犬、拉布拉多和杜宾犬旁边。

到底能不能完成这个比赛，直到起跑之前我都没有信心。我的跑步教练张展晖安慰我："能站到起跑线上就已经是胜利了。"

可是，我为什么会站到这里来呢？

7.2 逃难基因

起初，是虚荣心。我在人生的前 40 年几乎从不运动，一贯的名言是"生命在于静止"。2018 年，给自己找到了一个长达 30 年的调研写作项目之后，我才开始担心身体健康。这个项目要到处奔波，工作重、压力大。脑力劳动的终点原来是体力劳动——做研究干的全都是力气活儿。我从 2019 年开始跑步。后来，我从中国社会科学院离开，到了大学教书，我教的 EMBA 学生就拉着我上了戈壁。我在《变量 3》的后记里写过这个故事。

从不锻炼到能走完 121 公里戈壁，我不免开始膨胀。有一次在深圳，几个学生陪我跑步。其中一个叫李超，进过 A 队，跑过 A+。我问他，像我这么练，能拿到波士顿马拉松的参赛资格吗？波士顿马拉松的报名门槛很高，像我这种年龄的，大概要跑进 320（即 3 小时 20 分以内完赛）。李超面有难色地盯着我看了看，老老实实地说："这个好像难度有点大。"我又问他："那 A+ 呢？"看到我热切的眼神，他犹豫了一下，含含糊糊地说："你有毅力，兴许干得成。"从那时起，我就有了一个跑 A+ 的小目标。

之后，是感动。虽说有了跑 A+ 的小心愿，但我深感自己的能力远远不够。第一次上完戈壁，我开始跑马拉松。我的"首马"是 2020 年 12 月 13 日的广州马拉松，成绩是 446（4 小时 46 分）。第二个马拉松是 2021 年 4 月 11 日的无锡马拉松，成绩是 426（4 小时 26 分）。那时的我可谓"春风得意马蹄疾"。我心里想的是，按照这样的进步速度，跑进 4 小时指日可待。没想到，疫情来了，我的训练经常被打断，成绩不断退步。2023 年 6 月 23 日，我去跑包头马拉松，那天气温 36 摄氏度，赛道的后半段又在赛汗塔拉公园，那是城市里的一块草原，几乎没有树荫。太阳照得路面发白，皮肤微微刺痛。我实在跑不动了，最后的成绩居然破 5——我跑到了 5 小时开外，用时 5 小时零 4 分。2023 年 5 月，我去参加"戈 17"。那一年戈壁上的风格外大，从早刮到晚，一刻不停息。而且，奇怪的是，无论你朝哪个方向走，都是逆风。那年跑过 A+ 的耿辉说，就像是推着墙走。由于风大，A+ 赛事被迫中途熔断，不少选手没能到达终点，而且，听说很多选手跑到最后眼睛都看不见了，暂时性失明。听到这样的消息，我已经绝望。像这样的天气，我肯定是跑不下来的。我不好意思再在人前提起跑 A+ 了。一颗种子被深埋在了心底。

2024 年元旦，我到深圳参加罗振宇老师的跨年演讲。深圳的学生和我一起聚会。到了要走的时候，我的学生魏巍说："我和你一起去机场吧。"我以为他也要出差,到了机场才发现他什么行李都没带。这是怎么回事?魏巍一脸诚恳地跟我说:"何老师,我知道你还是想跑 A+,多年的心愿没有完成,你是不会甘心的。你别放弃,我来陪你跑。我们需要拉几个 50 公里以上的长距离,到训练的时候,你在哪个城市调研,我就去哪个城市陪你跑。"魏巍当年带着我跑了我人生中第一个 20 公里、第一个马拉松,带着我第一次上了戈壁,现在又自告奋勇要陪我跑 A+。我深深地被他感动了。就在机场,我立马在朋友圈里发了一条消息:"今年再立个 flag(旗帜)吧。我打算'戈 19'跑个 A+。中年末梢的最后一次倔强。"

再后来,是赌气。经常有朋友跟我说,这个世界烂透了。他们幸灾乐祸地说,看你这一年的《变量》怎么写。这一年,各行各业都不好。疫情时差,疫情后更差。他们说,你号称是"不可救药的乐观主义者",跟我们说说,怎么乐观起来?

在我看来,这不是不能乐观起来的理由。是的,有的时代风调雨顺,有的时代阴雨雾霾,作为一个普通人,你改变不了时代的主题。凡是你所不能改变的事物,统称为"命运"。命运或许会陷你于困境,但无法置你于死地。用一口真气护体,能扎稳自己的底盘。用一招斗转星移,能把看似有千钧之力的时代冲击轻轻化解。如果能够避开时代的一粒灰,那它就真的只是一粒灰。

我说完,他们还是只摇头。我暗自心想,既然说也没用,那我就做一件事情让你们看看。我希望用跑完 A+ 这件事情向朋友们证明，没有什么苦是人吃不了的，再长的路也能跑完，再痛苦郁闷的日子也可以熬过去。

其实，说得最对的是我太太。她一开始就反对，但看我决心已定，只好同意。她和 C 队队员一起去终点迎接我。同学们问她："何老师去跑 A+，你不担心吗？"她无奈地说："担心啊，但男孩子总是要逞能，拦都拦不住啊。"她中午 12 点就赶到了终点等我，但她严重高估了我的实力——下午一点半我才到达。

等我跑完 A+，她忽然若有所悟地跟我说，你非要去跑 A+，很可能是因为河南人的"逃难"基因。你没有能力去争名次，你也没有野心去探险，你只是听到内心深处有一个声音跟你说：跑啊，快跑，不要停，赶紧往前跑，一直跑——我仔细想了想，感觉她说得太对了。

7.3 训练日

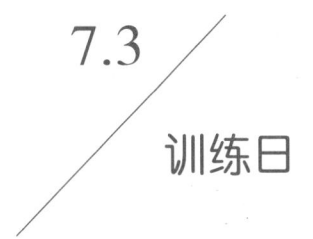

一场比赛，训练占了 90% 以上的时间，比赛只占不到 10%。

组委会要求每一个报名选手完成两次 50 公里以上的越野赛，或者一次 100 公里以上的越野赛。我先报名了厦门同安的 50 公里越野赛。比赛前一天，我在厦门招呼朋友们一起喝酒，兴高采烈地告诉大家我要去跑山了。朋友们都拍我的马屁，我顾盼自雄，洋洋得意。

结果，第二天就出丑了。一出发就是又长又陡的山坡，这是我从来没跑过的。好容易翻过山头，下山路上都是树根和碎石。我胆小，不敢迈开步子跑。跑到 CP2，刚好比关门时间晚了 10 秒钟。负责收尾的工作人员说，你上收容车吧。我不服气地说，通融一下呗，我只慢了 10 秒钟啊。工作人员毫不客气地说，后面比前面更虐，你前面都跑不下来，后面更没戏。这是我人生中第一次坐上收容车。我知道我应该很惭愧，不过惭愧的是，我居然没觉得惭愧。当时我最大的体会，是彻底摆烂之后一种无比放松的快乐。

过了一个多月,我又报名了南京老山 50 公里越野赛。这次我学乖了,到了南京,一个朋友也没惊动,一个人在酒店里一遍又一遍地清点装备和补给。幸运的是,这场越野赛的爬升没那么高,还有一段柏油路,正是我擅长的。除了那天太热,跑到最后我有点中暑,整场比赛都很顺利。我带了登山杖。50 公里跑下来,我从根本不会用杖,到用得得心应手,算是一个小小的进步。

南京老山越野赛让我对 50 公里越野不再畏惧。但跑完之后,我发现这其实对跑 A+ 帮助不大。越野赛爬升高,一会儿上山,一会儿下山,经常遇到手脚并用的技术路线。A+ 很少爬升,有两段比较陡的上山路,但都不长;一段比较陡的下坡路,全是石头,根本跑不起来。A+ 赛道的实质是坑坑洼洼的平地。这条路线我走过,心里少了对未知路线的恐惧,这是个有利条件。不利的是,和那些越野赛相比,A+ 没有那么多补给。跑过越野赛的朋友都知道,到了补给站就可以大吃大喝,但 A+ 只有打卡点,没有补给站。打卡点只提供水,别的什么也没有。A+ 比赛还需要自导航,很容易迷路,尤其是在夜里。跑 A+ 需要的不是速度,也不是技巧,而是一直熬下去的能力,所以,我把训练重点改为 LSD(长距离慢跑),尤其是夜跑。

6 月 4 日,我和魏巍一起在深圳夜跑 50 公里。我们从晚上 10

点多跑到早上 5 点多。深圳这座城市，无论什么时候都灯火通明。在璀璨的夜景中，我看到了睡在过街天桥下面的民工。一对夫妻紧挨在一起。我没有看清他们的年纪。如果是在北方的冬天，他们又该去哪里容身呢？深圳河的另一边就是香港。沿着河岸，一队骑着电动车的边防警察在来回巡逻。等我们跑到深圳湾的时候，已经是凌晨 3 点。凌晨 3 点，还有在海边拉小提琴的年轻人。4 点，晨光微亮，公园里就有了早早起来跑步的同好。6 月的深圳真热，到了晚上温度也不低，我身上的汗一遍一遍地出。鞋子里一兜汗，全湿透了。

8 月 6 日，我在北京和魏巍，以及来自北京理工大学的 A+ 选手马红峰一起，在"动境 180"首席领跑官于淼老师的带领下跑北三环。北三环一圈有 50 公里，我们从晚上 9 点跑到了凌晨 4 点。天气还是太热，我平常 9 分钟的配速[1]，心率能压在 110～120，但跑着跑着，心率还是蹿到了 150～160。北京是我曾经工作和生活的城市，但我每一次回来，心情都会有一些压抑。北京的夜晚比深圳黯淡很多，街道比深圳宽，店铺比深圳少。虽然已是夜晚，仍然能感觉到北京的空气不如深圳清纯。大街上早早地就没什么人流、车流了，但还有几家通宵营业的小面馆。没办法，就算绝大部分人都已安然入睡，总还要有人在惨淡的夜里辛苦地讨生活。大半夜的，三环沿路有很多通宵值班的警察，无聊地坐在小马扎上刷手机。安贞桥附近，一辆工地上的卡车经过十字路口，看也不看红灯，呼啸而过。

这趟三环跑，我自觉跑得很差，但跟着于淼老师，他的训练方法让我大开眼界。他一语道破天机：A+ 完赛需要的能力就是用低心率持续输出，和速度没关系，和力量也没关系。别人跑步都强调用腿——步频、步幅、核心力量，于老师却强调用心——要保持低心率。他身上穿的跑步 T 恤印着"99 心率，559 配速"。于老师说，慢就是快。他给我的启发是，原来最艰难的挑战，也可以用最轻松的方式完成。

一个月之后，我又回到北京。这次是要挑战北京四环跑。四环一圈下来是 68 公里，我多跑了两公里，凑足了 70 公里。我们从早上 6 点 30 分跑到了下午 5 点多。9 月的北京，气温终于降下来一些。一早出发，秋高气爽。我们一路慢跑，一路聊天，不知不觉跑完了 50 公里、60 公里。让我惊喜的是，60 公里之后，我反而不觉得累了，跑跑走走，而且跑得比走得更多。走两步，心率一降，就又有了想跑的冲动。

这场 70 公里长跑，终于让我找到了突破极限的感觉。刚开始起跑的三五公里，身体从静止状态进入跑步状态，很不适应。这是身体最抗拒的时候。过了 5 公里，身体逐渐适应了运动状态，呼吸更加平稳，腿也迈得开了。过了 10 公里，身体小声地问，跑得够远了，有没有觉得有一点累啊？可是精神还很抖擞，大大咧咧地说，累啥累？这不才 10 公里？过了 20 公里，身体已经透支，精神也有一些泄气，但有个大哥叫"意志"，它才是真正的老大。意志说，都给我闭嘴。过了30公里，身体已不听使唤，精神已彻底崩溃，苦苦地向意志哀求：老大，撑不住了，停下来吧。意志理都不理。过了40公里，精神气急败坏，大喊大叫：你算什么老大？一点道理都不讲！这样搞下去要出乱子的！赶紧打住，我不干了！意志冷冷地瞪了它一眼。过了50公里，精神的哀求已微弱得像自言自语：不行了，不行了，不行了，真的不行了。身体原本一直跑在精神的后面声援，这时竟有些瞧不起精神，和精神分道扬镳了。双腿一步一步地向前迈，不需要听谁的指挥，就像机器开动之后自行运转，不用人管。汗水偶尔流进眼睛里，刺得眼睛发疼。脚上似乎有个水泡，又似乎没有。算了，脚这么卑贱，这会儿谁还顾得上管它。过了60公里，精神忽然大彻大悟：反正我怎么劝也没用，索性我也不管了，我跟自己玩儿吧。这时，大脑犹如打开了天窗，明亮的光照进来，一片澄澈。仿佛空空荡荡，又好像无比充盈。仿佛毫无杂念，又好像万念俱生。仿佛平静如镜，又好像浩浩荡荡。身体也从麻木变得轻松。虽然脚步沉重、呼吸急促，但并不觉得累。在意念中感觉自己就像非洲大草原上的羚羊，轻盈优美、动力澎湃。我竟有些感动：在这个年代，什么努力都可能白费，什么期待都可能落空，什么积累都可能清零，唯有跑步是你还能掌控的。就这样一直跑下去，多好。

最后 200 米一定是要冲刺的。心率一下子顶到最高。大步迈出，手臂摆动，动作夸张到变形。脸上也一定是扭曲的。冲！最后一步！我做到了。我能行。

7.4 竞赛日

一跑出去我就觉得有点不对劲。我跑的速度并不快。于淼老师告诉我，出发时一定要当倒数第一，这样的话，就只有你超过别人，没有别人超过你。我可是严格执行的啊。我的配速也就是 7 分钟左右，但心率已经到了 160。也许是太紧张，也许是天太热。这样下去，能坚持跑完吗？我不由得暗自忐忑。

到达 CP2 的时候已经是晚上 7 点 39 分。落日覆盖戈壁，天地一片红晕。聚集在打卡点的选手兀自沉浸在兴奋之中，彼此打着招呼，有的还拿出手机自拍。戈壁很快就要沉入浓重的黑夜，所有喧嚣都会消失。有的选手把冲锋衣换上，有的依然短袖短裤，扎一个猛子，钻进了无尽的夜色。

CP2 之后，也许是天气凉下来了，也许是跑开了，我找到了感觉，脚步更加轻快。这时，从我们的后面赶上来一支大部队。其中有 72 岁的励建安院士，他是这场赛事的医疗总顾问，也是一位上场的选手，带着几位医师和我们一起跑。励院士在"戈 17"

的时候就参加过 A+ 比赛,因为风沙太大未能完赛,"戈 18"再度出征,并以 21 个小时的成绩完赛。今年,励院士又来了,真是老当益壮。一个壮硕的小伙子任茂壮陪着励院士跑。攀谈下来,才知道他是个越野"大神"。他刚刚完成"巨人之旅"[2]。就是路跑,任茂壮说。我不敢再接话了。大神负责导航,我们跟着他跑就行。同行的还有台湾大学的一队选手。他们都曾是 A 队队员,今年组了个团,一起来跑 A+ 了。他们有男有女,彼此不离左右,一会儿就要清点一下人数,在戈壁上有说有笑,不像跑 A+,倒像秋游。

夜色已深,一团漆黑。导航仪上的路线像风筝的线一样飘来飘去,一会儿朝左偏,一会儿朝右偏。我们这支小分队就像波浪中的小舟,摇摇晃晃、慢慢悠悠地前行。励院士跑不快,我们也跟着跑跑走走,速度明显下降,但还好,可以趁机恢复体力。又过了一会儿,我看了一下表,两个小时才推进不到 10 公里。我们距离 CP4 还有 20 多公里。CP4 是这场比赛中最重要的一站,那里能换装、有补给,而且还有关门时间。如果凌晨两点还没有进站,就要被强制退赛。我心里着急,拉着魏巍朝前跑去。我们原定是 12 点 30 分到站,结果 1 点 30 分才到。来不及换鞋、换背包,我只换了上身的衣服,喝了一碗牛肉汤、两罐红牛,冲了一包蛋白粉,在软水袋里灌了一袋热乎乎的姜茶,就匆匆上路了。

我请教过跑过 A+ 的队员,他们都说 CP4 到 CP8 最难熬。到了下半夜，温度越来越低，风越来越大，路况复杂，体力消耗很大，人在这时很容易绝望。但是，这段路反而是我跑得最好的。

在 CP4，还能碰到其他选手进站出站。茫茫戈壁上，只能看见队员们的一盏盏头灯。有些跑得快，像一阵风吹过来；有些跑得慢，头灯像小兔子一样一蹦一跳，慢慢来到近前。过了 CP5，就几乎见不到其他人了。从高速公路下面的涵洞钻过去，七绕八绕，上到山顶。放眼望去，一片空茫。满天星斗，狂风怒作。魏巍在前，我在后。我用登山杖左点一下，右点一下，支撑自己向前跑。空旷的戈壁上，登山杖敲击坚硬的土地，就像和尚念经时敲木鱼的声音。

跑过 A+ 的伙伴说，过 CP5 的时候会遇到一片坟场，晚上跑有些瘆人。我没敢告诉他们，在这片戈壁的地下，到处都有冤魂。晚唐时期，瓜州曾被吐蕃攻占，发生过惨无人道的大屠杀。锁阳城遗址和周边戈壁的地下有好几处"万人坑"。有些人是先被捆绑，然后以钝器击破头部致死，再被埋进沙坑。他们的魂灵还在吗？看到我们，他们或许开心，就会化作一阵风推动我们；或许不高兴，就会化作一股沙尘迷住我们的眼睛；或许只是像不能行动的老人坐在窗口，望着路上的行人一样，默默地看我们远去。在这一刻，没有能让我恐惧的东西，也没有能让我焦虑的东西，我仿佛只有一件事可做：就这样一路跑下去，直到地老天荒。

我一边跑，一边忍不住抬头仰望星空。数十万年前，人类的祖先在非洲草原上打猎，长途奔跑，追赶猎物。他们和我一样跑跑走走，大约是 7 分钟甚至 8 分钟的配速。到了晚上，他们围着篝火，讲着故事。抬起头时，他们又能看到怎样的星空？

我和魏巍跑跑走走，在早上 8 点左右赶到了 CP8，黄谷驿。远远就看到密密麻麻的大帐，像是戈壁上冒出来的一个小镇。这是昨夜大部队休息的营地。当时，B 队队员已经从 CP8 出发。天还没亮，戈壁上一片昏暗。朦胧中，能看到队员们戴着头灯，像萤火虫的微光，汇聚成一条长长的队伍。仰头看，天上繁星闪烁；朝前看，头灯忽明忽暗，天上和地下交相辉映，甚是壮观。离 CP8 还有一两公里的时候，我们隐约听到大喇叭里喊各个院校的 A 队出发：交大安泰出发、北大汇丰出发。这是我一路上唯一觉得遗憾的时候——要是我能跑得更快，说不定可以过去给队友们加油。

在 CP8，我们遇到了来自交大安泰的志愿者途狼。他一路上都在找我。他在到达 CP1 前的拐点等我，但我抄了捷径，没有遇上。他在 CP4 和 CP5 中间的路上又看到了我，不忍心打扰，没有跟我打招呼。当他转战到 CP8 时，恰好看到我进站，他就赶忙过来热情问候。我那时一定是跑傻了，默默地看了他一眼，转身就催促魏巍赶紧上路。魏巍还在装水。我说："我先朝前走，你来追。"说完，我头也不回，继续前行。

可怜的魏巍，一路吃尽了苦头。他一边看导航，一边带我朝前跑，还要定时提醒我补给：每跑 5 公里提醒我补盐丸，每跑 10 公里提醒我补能量胶。他在离起点 4 公里的地方摔了一跤。两次大腿抽筋。脚上已经满是水泡。但不知一种什么力量支撑着他，一路带领我向前冲。过了 CP8，我跟他说，没问题了，咱俩肯定能完赛。他一直提着的那口气松了，疼痛随之而来。我给了他两颗止疼药。他让我先走，说自己稍后赶上。我一边走一边回头看，他的身影越来越小。过了很久，他才缓过来，又赶了上来。

这时候，太阳已经升起来了。温暖的阳光照在身上，仿佛可以把一股能量注入体内。戈壁上终于能看见人了。人真是群居动物，看到有人就会很开心。我们一个个超过 B 队的队员，经常能听到后面传来一句：A+，加油！

115 公里之后，我们进入峡谷，此地名叫"浪柴沟"。和戈壁上的荒凉景观不一样，这里有清泉芦苇、小溪胡杨、湿地柽柳，满眼葱绿鹅黄。潺潺的溪流流过，我们直接踩进去，冰冷的水让发肿的脚感到透心凉。这里都是碎石，起伏又大，跑不起来。我们顺着溪流朝终点走去，忽然听到后面有人叫我：这不是何老师吗？原来是交大安泰 B 队走在最后的几个伙伴。他们看见我，个个都要过来拥抱。一群小伙伴，有的帮我拿羽绒服，有的帮我摘头灯。他们反反复复问我要不要水，缺不缺补给。我们一行人有说有笑，欢天喜地，一起奔赴终点。

冲线的时候，每个人都不一样。有的人欢呼雀跃，有的人踉踉跄跄；有的人痛哭流涕，还有的人跪下来亲吻赛道。我好像被太阳晒蒙了。在欢呼声中，我到达了终点。那一刻，我只觉得有一些惊讶：怎么，这就跑完了？

7.5 9字真经

关门时间22小时,我21小时34分22秒完赛——柯基其实也挺能跑的。虽然成绩很烂,但全程无伤。赛前,我担心膝盖会疼,结果没有;我担心大腿或小腿会抽筋,结果没有;我担心一路喝凉水,一根接着一根吃能量胶,肠胃会出问题,结果没有;我特别担心眼睛会暂时性失明,结果没有。121公里跑下来,连一个脚上的水泡都没有。真是万幸。

一个跑渣是怎么跑完121公里的?我分享一点体会,希望你不管跑不跑步都能有所收获。总结下来,只有9个字:不犯错,不休息,不迷路。

不犯错。像121公里这样的超长越野,哪怕有一点点小小的不舒服,都会被放大成巨大的问题。背包的带子可能会磨肩膀。戈壁上天冷,看似没出汗,但汗都变成了小盐粒,很容易磨裤裆,甚至臀沟。不少路段是所谓的"奶粉路",地上一层厚厚的浮尘,再遇上大风，会迷眼睛，这是导致不少队员暂时性失明的罪魁祸首。这些沙尘钻进鞋子里，很容易让脚上起水泡。晚上天冷，可能失温。白天天热，可能中暑。

我深知自己能力不足，所以把能提前做的功课都做足了。听说出发后 20 公里有一条小溪，可能会涉水。如果鞋子湿了，脚很容易打水泡。我试了 4 种方案：厚厚的一次性雨靴；薄的一次性雨靴；防水袜；备用袜子，如果袜子湿了就换上。所幸都没有用上。头灯试了三种，选了最轻的一种。跑过 6 次 A+、在越野圈里绰号"穿山羊"的龚明程告诉我，不仅要有头灯，还要准备腰灯，否则看不清路面是不是平的。于是，我又改装了一个腰灯。后来发现，这其实对我用处不大——龚明程跑得快，我跑得慢。路确实很不平，但我并没有崴脚。为了防止沙子进鞋，我试了三种不同的防沙罩，选了包裹最严实的一种。套上防沙罩后，我又用肌贴把防沙罩的开口处紧紧粘上。为了节省在 CP4 的时间，我事先进行了演练：吃一碗焖面需要 8 分 21 秒，吃一碗汤面需要 6 分 51 秒，换装需要 8 分 42 秒。我给自己定了一个目标，在关门时间之前安全完赛。但我不喜欢卡着最后一秒到达终点，那样太有心理压力，所以，我的目标是 21 小时 30 分完赛。按照这个目标，我开始训练。每个月累计跑量很重要，但更重要的是，赛前几个月，每个月至少要跑一次 50 公里以上的长距离。按照这个目标，我制订了一个详细的配速计划，并发给几位跑过 A+ 的朋友：龚明程、王晓卉、秦兵、李超、杨冰，向他们请教。他们给了我很多非常好的建议。我把配速计划的图片设置成手机的屏保。万一手机没电了呢？没关系，我还有一张小卡片，贴在计时打卡芯片的背后，随时可以看。

为什么"不犯错"如此重要呢？因为在转型时期，犯错太容易了。在A+赛道上，跑不下来的往往不是实力差的选手，而是实力强的选手。他们实力强，总想着拿最好的成绩，一上来就拼命朝前冲，不知不觉就跑崩了。我之所以能完赛，最主要的一个原因就是自知能力不足，所以格外小心，时刻注意保存实力。在转型时期也是一样，越成功、越优秀的人越容易犯错。他们因为成功而变得过于自信，因为过于自信而变得不拘小节。但这个时代不一样了，人们已从学习榜样变成了反抗权威，一点点失误都有可能被无限放大，造成致命伤害。市场环境也发生了巨大变化：消费者变了，竞争对手变了，合作伙伴变了，政策变了。企业家要学会把以前的经验放在一边，准备好从头再来。就像跑长跑的人常说的，跑42.195公里的马拉松，真正的开始是在30公里。

所以，不必为别人比你跑得快而着急。注意保存自己的实力，不到最后一刻，永远都不是拼尽全力的时候。真正的比赛还在后面。你会在最后几公里一个一个地超过对手。

别人犯错，就是你的机会。

不休息。我跑步的配速是 7 分半，快走的配速是 10 分半，平均下来，在理想状态下能保持 9 分钟的配速。路上有 9 个 CP 点，如果每一个都休息 10 分钟，那就是 90 分钟，相当于少走了 10 公里。如果每个 CP 点只休息 5 分钟，也相当于少走了 5 公里。稍不留意，就会在 CP 点消耗过多的时间。比如，到达 CP2 之后，我们只是换了头灯，加了衣服，但不知不觉就待了 15 分钟。我们原定只在 CP4 休息 20 分钟，但最后也花了 30 分钟。从 CP4 出来之后，我们一个打卡点都没有休息，有的打卡点连水都没换。快到 CP8 的时候，魏巍说，太阳出来了，要不要把晚上穿的羽绒服脱下来换掉？我跟他说，咱们路上换。在 CP 点一定会有别的队友，有人就会互相干扰。在路上，我们找了一辆救援车，把背包放在车盖子上，三下五除二就换好了衣服。

我的经验是，你真的不需要停下来很长一段时间休息。放慢脚步是休息，调匀呼吸也是休息。一旦长时间休息，肌肉由热变冷，再运动起来就容易抽筋。

为什么"不休息"很重要呢？在经济低速增长时期，有太多的人选择躺平。理由太充分了。时代变了，再努力也没用。与其支棱起来当韭菜被人割，不如躺下来明哲保身。松弛感固然有助于激发创新的灵感，但如果错误地判断未来的趋势，提前退场了，那就是无法挽回的错误。历史的钟摆不会只朝着一个方向摆动。但是，等它摆回来的时候，你有没有做好准备？这些准备不是一朝一夕就能搞定的，你需要从长计议、提前布局。

既不能退场，又不是发起冲锋的时候，那我们该做什么？不妨把大的目标拆成小的目标，用新的目标替换旧的目标。每天试着完成一些小小的新任务，用这些小的进步滋养自己的豪情和斗志，通过尝试新鲜事物保持自己的好奇心和创造力。不知不觉，你就会发现，最艰难的一段路已经走完了。"驽马十驾，功在不舍"[3]。

别人休息，就是你的机会。

不迷路。像 A+ 这样的越野赛，从理论上说，是只有 CP 点、没有赛道的。也就是说，从一个 CP 点到下一个 CP 点，你想怎么走都行。但是，这毕竟是一场举办过多年的赛事，那么多人跑下来，大家心中都默认有一条轨迹。组织方为了方便选手们找路，还会在沿途插上路旗。然而，A+ 比赛中选手迷路的现象司空见惯。这很正常，到了晚上，即使戴着头灯，也看不清远处的路。要想不迷路，最好能够提前踩点，但是在比赛之前，我忙着四处调研，没有办法上戈壁。于是，我就把能找到的跑过 A+ 的队员们的路书都看了一遍，凡是他们迷路的地段，我都在地图上做了标注。最后，我发现，越是崎岖不平的路线，越不容易迷路，反而在平坦而开阔的地段容易迷路。就像我们从 CP2 到 CP3，明明是一片辽阔的黑戈壁，找路花的时间反而更多。而且，实力强的选手更容易迷路，因为他们总是希望找到不为别人所知的捷径。

有个队员白天去踩点,发现可以在公路上跑,这样更省力,到了7.2公里的地方一拐就能拐到赛道上,可是戈壁上就是邪门,晚上拐过去,却发现有围栏,根本过不去。

为什么"不迷路"很重要呢?因为在转型时期很容易迷路。这些年来,我们目睹了商界出现的一些教科书级别的失败案例。复盘时,你会发现,这些企业失败的原因,不是有了强劲的竞争对手,也不是出现了颠覆性的新技术,而是它们在方向性的问题上犯了重大的错误。企业能不能垄断自己获取的数据?教育的本质是不是一门生意?企业家的钱是不是想怎么花就怎么花?事后来看,答案简单得不得了。那为什么最聪明的人却犯了最愚蠢的错误?很可能是因为他们以为自己踩过点,对道路无比熟悉:别人走赛道就行,我可是要抄近道的——于是一头扎进了死胡同。在经济繁荣时期,你只要跟着众人前行就可以,所有的人都在一条道上。但是,到了转型时期,大家选的方向不一定一样。有人选择前进,有人选择后退;有人选择进山,有人选择出海。到底该走哪一条路?迷路,往往是因为自己没有方向感,只知道追随别人。因此,在转型时期,培养自己的方向感变得尤为重要。你要把日月星辰、山川河流都当作参照系。听风声辨识方向;看树轮辨识方向;找北斗七星辨识方向。方向对了,心中就大体有数了。别人走的路跟你不一样,不一定代表着你走错了。到最后,唯一可信赖的是你自己的方向感。

别人迷路,就是你的机会。

7.6 熬

远远就能看到旌旗飘扬。远远就能听到锣鼓震天。这是离终点只有一公里的地方。路边竖着一块牌子，上面写着：伟大是熬出来的。

这是让无数戈友最激动的一块牌子。我也在这张牌子的旁边拍过照。但是今天，我只看了它一眼，就继续朝前跑了。

伟大是熬出来的吗？我不知道。就说玄奘吧。那么多同学来到戈壁，都是受到玄奘精神的感召。可是，在玄奘之前有法显和智严，他们都曾周游西域，甚至到过天竺，他们才是取经的先驱。在玄奘之前也有鸠摩罗什和真谛法师，他们是翻译佛经、传播佛教的先驱。论个人成就，法显、智严、鸠摩罗什和真谛法师都不亚于玄奘，为什么我们今天只记住了玄奘？

因为重要的不是"玄奘时刻"，而是"玄奘时代"。中国历史上多次经历过统一与分裂的轮回。法显、智严、鸠摩罗什和真谛法师皆生活在乱世，身如漂萍，不知所终。到了隋唐时期，才重新迎来盛世。太平盛世不仅给取经、译经提供了更多的资源支持，也给玄奘事迹的流传创造了更有利的条件。玄奘的故事里透露出一种和前人故事不一样的气质，虽然同样有艰辛和挫折、坚韧和牺牲，但多了一种盛世才有的从容与笃定。

所以，伟大并不一定是熬出来的，要看你处在哪个时代。时就是势，势就是运。我们过去的成就并不能完全归功于个人努力，在更大程度上要归功于时代红利。同样，我们现在遇到的困顿，或许也并不能完全归因于个人的懈怠，在很大程度上要归因于经济生态系统的改变。适合长成参天大树的气候条件不复存在，能繁茂生长的都是不起眼的杂草。但是，也不必太过灰心。繁荣时代教会我们积极进取，下沉时代教会我们保存实力。有了这两种不同的体验，人的一生才算完整。

时间对我们是苛刻的。它给了我们一张白纸，让我们在上面乱抹乱画，然后冷冷地说："带走吧，这就是你唯一能够留下的东西。"但是，它低估了我们的强大。我来了，我跑了，我熬过去了。有了这段经历，我相信，所有那些郁闷和痛苦的时光，都是可以熬过去的。我会一步一步、一天一天地熬死它们。我就是不下牌桌。我可以奉陪到底。我一定要等到来自未来的好消息。

注　释

1　指跑每公里需要用 9 分钟。
2　欧洲顶级越野跑赛事。
3　引自《荀子·劝学》。比喻只要坚持不懈，能力不强的人也能达到高水平。

后　记

我的跑步教练跟我说，普通人跑到七八公里，会遇到一个小小的"撞墙期"。我写完《变量7》也有了这样的体会。我产生了一种前所未有的危机感。

我的朋友，财经作家吴晓波曾经跟我说："你这个《变量》系列不好写，写着写着就变成了一种程式，你会不断地重复自己。"当时我不以为然。像我这么有才华的作者，怎么可能会重复自己呢？

我的另一位朋友，曾经做过FT中文网总编辑的张力奋曾经跟我说："你这个系列有意思。你得多留些一手的资料。以后回头去看，最有意思的是这些一手的资料。"当时我也不以为然。这套书都是我亲身调研搜集的素材，怎么会缺一手的资料呢？

写完第七本《变量》，我有一种强烈的冲动想突破自我。原来写作时，我总是不由自主地把自己放在经济学者的角色上。如果再质朴、本真一些，不把自己当作经济学者，只做一个普普通通的行路者，有没有可能看见更真实的世界？

写完第七本《变量》，我已经感到书里能表达出来的内容是有限的，还有很多所见所闻无法收录进来。如果我把这些看似零碎的调研见闻，以及在调研过程中一路搜集到的原始素材都整理出来，会不会留下更有价值的内容？

这是我写完《变量7》，在心里琢磨得最多的两个问题。

我最佩服的跑友毛大庆，跟着超级马拉松选手于淼老师去跑"八百流沙"极限赛。"八百流沙"赛程全长400公里，经过茫茫的莫贺延碛戈壁荒漠，相当于连续挑战10个全程马拉松。当他们用了35个小时跑完120公里，离开第三个休息站的时候，毛大庆跟于淼说，于老师，我们已经拿下三个休息站了。于老师说，忘掉，一切从头开始。

写完《变量7》，我也要忘掉，一切从头开始。

《变量7》记录了我们不肯服输的2024年。感谢这一年里愿意跟我分享、始终给我鼓励的朋友们，你们的帮助我铭刻在心。感谢得到知识城邦里的网友，以及我在上海交通大学安泰经济与管理学院和北京大学汇丰商学院的学生，我从和你们的交流中获得了很多惊喜。感谢我的团队：张春宇、朱鹤、宋笛、李靖云、梁晨、韩壮。感谢得到的同事们。

希望你能够对我的调研和写作提出宝贵的批评和建议，也希望你能向我提供更多的采访线索。欢迎通过邮箱（hefan30years@163.com）与我联系。

何帆规则

我为自己的三十年报告制定了一套何帆规则,一共七条。既是为了诫勉自己,也是为了得到你的理解和支持。我每年都会把它放在书里,再宣誓一次。

规则 1   我会在未来三十年用最多的精力、最大的热忱来完成这项工程。三十年,一年一本书,共三十本。

规则 2   这套书中涉及内容的采访完全由我和我的团队完成。这套书的写作完全由我个人完成。如果由于健康问题,我写不动了,或是写不完了,剩下的工作将由我指定的接班人完成。

规则 3   在写作这套书的时候,我的身份不是学者,而是学生;不是评论员,而是观察者和记录者。我要看的时代背景非常恢宏,但我关注的更多是平凡人。我要写平凡人做的不平凡的事情。

规则 4   我会尽可能地通过采访获得第一手资料来做研究。我会为你采访各行各业、三教九流的人士。我会为此跑遍中国所有的省市。如果有必要,我也会为此跑遍跟中国故事有联系的其他国家。

规则 5   我会坚持独立的个人观点。当然,我深知这样的决定意味着这套书中将无法避免偏见和错误。这些偏见和错误都由我个人承担。

规则 6   我保留对书稿的最终修改权。我的书稿一般不会发给受访者,但我会尽可能认真地核对所有的细节。如果受访者要求我按照他们的想法修改,我只能要么在书中放弃这部分采访的内容,要么在修改的地方注明:此部分已根据受访者要求修改。

规则 7   我郑重声明,这套书中不包含任何植入广告、商业推广或其他宣传。

图书在版编目（CIP）数据

变量.7,为了不下牌桌的创新/何帆著.--北京：新星出版社,2025.1. -- ISBN 978-7-5133-5823-1

Ⅰ.F12

中国国家版本馆 CIP 数据核字第 20245XT610 号

变量 7：为了不下牌桌的创新

何帆 著

责任编辑	汪 欣
策划编辑	张慧哲　师丽媛
营销编辑	陈宵晗　chenxiaohan@luojilab.com
	张羽彤　丛 靓　许 晶
封面设计	尚世视觉
版式设计	靳 冉　周 跃
责任印制	李珊珊

出 版 人	马汝军
出版发行	新星出版社
	（北京市西城区车公庄大街丙 3 号楼 8001　100044）
网　　址	www.newstarpress.com
法律顾问	北京市岳成律师事务所
印　　刷	北京盛通印刷股份有限公司
开　　本	880mm×1230mm　1/32
印　　张	8.25
字　　数	156 千字
版　　次	2025 年 1 月第 1 版　2025 年 1 月第 1 次印刷
书　　号	ISBN 978-7-5133-5823-1
定　　价	69.00 元

版权专有，侵权必究；如有质量问题，请与发行公司联系。
发行公司：400-0526000　总机：010-88310888　传真：010-65270449